Italo Calvino:
Abenteuer eines Reisenden
Erzählungen

Deutsch von Nino Erné, Julia M. Kirchner, Helene Moser, Oswalt von Nostitz und Caesar Rymarowicz

Deutscher
Taschenbuch
Verlag

dtv

Von Italo Calvino
sind im Deutschen Taschenbuch Verlag erschienen:
Das Schloß, darin sich Schicksale kreuzen (10284)
Die unsichtbaren Städte (10413)
Wenn ein Reisender in einer Winternacht (10516)
Der Baron auf den Bäumen (10578)
Der geteilte Visconte (10664)
Der Ritter, den es nicht gab (10742)
Herr Palomar (10877)

Oktober 1988
Deutscher Taschenbuch Verlag GmbH & Co. KG,
München
Lizenzausgabe mit freundlicher Genehmigung des
Carl Hanser Verlags, München · Wien

Die vorliegenden Erzählungen sind entnommen
aus ›Abenteuer eines Lesers. Erzählungen‹ und
ins Deutsche übertragen von Nino Erné (›Abenteuer eines Rekruten‹, ›Abenteuer eines Kurzsichtigen‹, ›Der verzauberte Garten‹, ›Große Fische, kleine Fische‹, ›Ein Schiff voller Krebse‹), Julia M. Kirchner (›Abenteuer einer Badenden‹, ›Abenteuer eines Angestellten‹, ›Abenteuer eines Poeten‹, ›Eines Nachmittags, als Adam ...‹, ›Die Brüder Bagnasco‹, ›Mann im Steppengras‹, ›Die nichtsnutzigen Brüder‹), Helene Moser (›Abenteuer eines Photographen‹, ›Abenteuer eines Reisenden‹), Oswalt von Nostitz (›Mahlzeit mit einem Hirten‹) und Caesar Rymarowicz (›Abenteuer eines Lesers‹).

ISBN 3-446-14422-6
Umschlaggestaltung: Celestino Piatti
Umschlagbild: Rotraut Susanne Berner
Gesamtherstellung: C. H. Beck'sche Buchdruckerei,
Nördlingen
Printed in Germany · ISBN 3-423-10961-0

Das Buch

Als sich im Zugabteil eine schöne, schwarzgekleidete und verschleierte Frau neben ihn setzt, gerät der Rekrut Tomagra plötzlich in Aufregung. Erotische Spannung erfaßt ihn. Mit kleinen Vorstoß- und Rückzugsmanövern versucht er, das Terrain zu sondieren und festzustellen, ob Interesse besteht. Die Dame erscheint zunächst abwesend und gleichgültig. Doch zieht sie sich nicht eindeutig zurück ... Auf seine unnachahmliche Art seziert Italo Calvino scheinbar alltägliche menschliche Begegnungen so genau, daß sie zu phantastischen Abenteuern werden. Die Erzählungen dieses Bandes spiegeln, so könnte man sagen, Calvinos Entwicklung vom neorealistischen zum parabolischen Erzähler. Doch wird man mit dieser Klassifizierung der poetischen Qualität dieser Texte nicht gerecht – kein Wunder »bei einem so wandlungsfähigen Fabulierer, dem es – wie Usnelli im ›Abenteuer eines Poeten‹ – um die Entdeckung ›versteckter und geheimer Schönheiten‹ geht«. (Hans J. Fröhlich)

Der Autor

Italo Calvino wurde am 15. Oktober 1923 in Santiago de las Vegas/Kuba geboren. Er wuchs in San Remo auf, kämpfte im Zweiten Weltkrieg als Partisan gegen die Deutschen, studierte Literatur in Turin und arbeitete nach dem Krieg als Journalist und Lektor. Er starb am 19. September 1985 in Siena. Werke u. a.: ›Der geteilte Visconte‹ (dt. 1957), ›Der Baron auf den Bäumen‹ (dt. 1960), ›Der Ritter, den es nicht gab‹ (dt. 1963), ›Die unsichtbaren Städte‹ (dt. 1977), ›Das Schloß, darin sich Schicksale kreuzen‹ (dt. 1978), ›Wenn ein Reisender in einer Winternacht‹ (dt. 1983), ›Herr Palomar‹ (dt. 1985), ›Unter der Jaguar-Sonne‹ (dt. 1987).

Inhalt

Teil 1

Abenteuer eines Rekruten (1949) 9
Abenteuer einer Badenden (1951) 22
Abenteuer eines Angestellten (1953) 35
Abenteuer eines Lesers (1958) 46
Abenteuer eines Kurzsichtigen (1958) 65
Abenteuer eines Photographen (1957) 76
Abenteuer eines Reisenden (1957) 92
Abenteuer eines Poeten (1958) 109

Teil 2

Eines Nachmittags, als Adam ... (1947) 119
Der verzauberte Garten (1948) 132
Große Fische, kleine Fische (1950) 138
Ein Schiff voller Krebse (1947) 149
Die Brüder Bagnasco (1946) 156
Mann im Steppengras (1946) 163
Mahlzeit mit einem Hirten (1948) 170
Die nichtsnutzigen Brüder (1948) 180

Teil 1

Abenteuer eines Rekruten

Eine große, gutgewachsene Dame kam in das Abteil und setzte sich neben den Soldaten Tomagra. Ihrer Kleidung und ihrem Schleier zufolge mußte es wohl eine Witwe aus der Provinz sein; das Kleid war aus schwarzer Seide, wie es sich für eine lange Trauer ziemt, aber dabei mit überflüssigem Besatz und Stickereien verziert, und der Schleier fiel von einem gewichtigen und etwas altmodischen Hut rund um ihr Gesicht. Der junge Soldat stellte fest, daß noch andere Plätze im Abteil frei waren, und dachte sich, die Witwe werde zweifellos einen von ihnen belegen; statt dessen setzte sie sich, ungeachtet seiner rauhen, soldatischen Nachbarschaft, ausgerechnet hierher, sicherlich wegen irgendeiner Reisebequemlichkeit – so überlegte er hastig – im Hinblick auf den Luftzug oder die Fahrtrichtung.

Ihr Körper war blühend und fest, er würde geradezu kräftig gewirkt haben, wenn nicht eine mütterliche Weichheit die klar hervortretenden Rundungen hätte zarter erscheinen lassen; auf den ersten Blick schien sie kaum älter als dreißig Jahre, doch wenn man in ihr Gesicht sah, hielt man es für möglich, daß sie die Vierzig überschritten hatte: man entdeckte eine zugleich marmorne und doch etwas erschlaffte Haut, streng verschlossene, flüchtig mit einem grellen Rot geschminkte Lippen, und unter tiefschwarzen Brauen und schweren Lidern einen unerreichbaren Blick.

Tomagra, ein Rekrut der Infanterie beim ersten Urlaub (es war Ostern), machte sich ganz klein auf seinem Sitz, damit die so schöne und wohlgeformte Dame nicht an ihn stoße; und schon empfand er den Duft ihres Parfüms, eines bekannten, vielleicht schon etwas überholten Parfüms, das hier jedoch durch lange Gewohnheit mit dem natürlichen Hauch ihres Körpers eins geworden war.

Die Dame hatte sich mit bescheidener Zurückhaltung niedergelassen und zeigte nun, dicht neben ihm, Proportionen, die ihm weniger majestätisch erschienen als zuvor. Die üppigen, mit schmalen dunklen Ringen geschmückten Hände hielt sie verschränkt im Schoß über einer glänzenden Handtasche und ihrer Jacke, die, als sie fiel, runde und weiße Arme enthüllt hatte. Tomagra war gleich so weit wie möglich zurückgewichen, da er auf ein umständliches Ausziehen mit weit ausgestreckten Armen gefaßt gewesen war; hingegen hatte sie sich kaum gerührt und war mit kurzen Bewegungen der Schultern und des Oberkörpers aus den Ärmeln geschlüpft.

Die Sitzbank war bequem genug für zwei Fahrgäste, und Tomagra konnte die äußerste Nähe der Dame spüren, ohne fürchten zu müssen, daß er sie durch seine Berührung beleidige. Immerhin, überlegte Tomagra weiter, wenn dies auch eine Dame war, so hatte sie seiner Uniform zum Trotz keinerlei Widerwillen gegen ihn gezeigt, sonst hätte sie sich ja woanders hingesetzt. Und seine eben noch angespannten Muskeln wurden bei diesem Gedanken frei und locker, mehr noch, sie versuchten sich so weit wie möglich auszudehnen, ohne daß er sich dabei bewegte; sein Bein, das mit verkrampfter Wade sogar den Kontakt mit dem Stoff der Hose vermieden hatte, streckte sich, streckte wiederum den Stoff, der es umkleidete, bis dieser die schwarze Seide der Witwe berührte; und so, durch dieses Tuch der Hose und diese Seide hindurch, drückte jetzt das Bein des Soldaten an das ihre, mit einer weichen, flüchtigen Bewegung gleich der Begegnung von Fischen, während der Strom in seinen Adern in einer Woge dem Strom jener anderen Adern entgegenschlug.

Es war gleichwohl noch immer eine ganz leichte Berührung, die jedes Schlingern des Zuges auflösen und neu schaffen konnte; die Dame hatte kräftige, üppige Knie, und in seinen eigenen Gliedern glaubte Tomagra bei jedem Rütteln des Zuges das träge Spiel ihrer Kniescheibe mitzuempfinden; und die Wade hatte eine seidige, gewölbte Wange, die man durch einen unmerklichen Druck dazu bringen konnte, sich an die eigene zu schmiegen. Diese Berührung der Waden war köstlich, doch brachte sie einen Verlust mit sich: das Körpergewicht hatte sich verlagert und es war nicht mehr möglich, wie vorher durch einfache Nachgiebigkeit der Glieder zu einer wechselseitigen Anlehnung der Hüften zu gelangen. Doch ließ sich eine natürliche und angenehme Haltung wiederherstellen, wenn man sich auf dem Sitz ein wenig rührte, was mit Hilfe einer Kurve des Schienenstrangs leicht möglich war und sich überdies aus dem verständlichen Wunsch nach etwas Bewegung dann und wann wie von selbst ergab.

Die Dame saß unbeweglich unter ihrem matronenhaften Hut, mit dem starren und von den Lidern verhängten Blick und den Händen über der Tasche im Schoß; und doch gab es da eine lange feine Linie ihrem Körper entlang, mit der sie an ebendergleichen Linie des Mannes lehnte: sollte sie dessen noch gar nicht gewahr geworden sein? Oder bereitete sie schon eine Flucht vor? Würde sie sich brüsk abkehren?

Tomagra beschloß, ihr auf irgendeine Weise eine Botschaft zukommen zu lassen: er zog den Muskel der Wade zusammen, daß sie sich wie eine große Faust ballte, und mit dieser Wadenfaust klopfte er, sie entspannend wie eine Hand, die sich öffnet, an die Wade der Witwe. Gewiß, es war eine blitzschnelle Bewegung, gerade ebenso lange, wie es braucht, eine Sehne zu spannen; doch sie zog sich nicht zurück, jedenfalls nicht, soweit er es begriff – denn schon hatte er, um die geheime Geste zu rechtfertigen, sein Bein ganz ausgestreckt, als sei es steif in den Gelenken geworden.

Man mußte also wieder von vorne anfangen; das geduldige, behutsame Werk der Annäherung bis zum Kontakt war zerstört. Tomagra entschloß sich, etwas mutiger vorzugehen: als suche er etwas, steckte er eine Hand in die Hosentasche – auf der Seite der Dame – und ließ sie wie aus Unachtsamkeit darin. Dies war eine heftige Bewegung gewesen, und Tomagra wußte nicht recht, hatte er sie berührt oder nicht; eine Geste für nichts und wieder nichts. Doch in dem Augenblick begriff er, was für einen gewaltigen Schritt weiter er damit gekommen war und in welch gefährliches Spiel er sich eingelassen hatte. Auf den Rücken seiner Hand drückte sich leicht die Hüfte der Dame in Schwarz; er fühlte ihre Last auf allen Fingern, auf jedem Fingerglied – wie auch immer er seine Hand jetzt rühren würde, es mußte als eine Geste von unerhörter Intimität der Witwe gegenüber wirken. Mit angehaltenem Atem drehte Tomagra die Hand in der Tasche um, so daß sich ihr Handteller, immer in der Tasche, zu ihr hin öffnete. Es war eine unmögliche Stellung mit verdrehtem Handgelenk. Doch nun wollte er eine entscheidende Geste wagen: mit der verdrehten Hand krümmte er leicht die Finger. Jetzt gab es keinen Zweifel mehr: ausgeschlossen, daß die Witwe seine Geschäftigkeit nicht bemerkt hatte! Und wenn sie sich nicht abwandte, wenn sie Gleichgültigkeit und Geistesabwesenheit vortäuschte, so hieß das eindeutig, daß sie seine Annäherungen nicht zurückstieß. Freilich, wenn man es länger bedachte, konnte die Tatsache, daß sie von Tomagras Handbewegungen kein Aufhebens machte, auch etwas anderes besagen: sie mochte an eine vergebliche Suche in jener Tasche glauben, eine Suche nach einer Fahrkarte, einem Streichholz ...

Halt, nein: da die Fingerkuppen des Soldaten, wie mit plötzlicher Hellsichtigkeit begabt, durch die verschiedenen Stoffe hindurch die Ränder der unterirdischen Gewandung erahnten, bis hin zu kleinen Unebenheiten der

Haut selbst, Poren, einem Muttermal – mußte dann nicht vielleicht auch ihre marmorne und etwas schlaffe Haut erkennen, daß es sich wirklich um die Innenseite der Finger handelte und nicht etwa um Nagelrücken oder Knöchel?

Da stahl sich die Hand des Soldaten aus der Tasche hervor, blieb einen Augenblick unschlüssig, glitt dann unvermittelt und eilig an der Hosennaht bis zum Knie hinab, um die Hose glattzustreichen. Man könnte auch sagen, daß sie sich einen Durchbruch erzwang, denn sie mußte sich zwischen ihm und der Dame hindurchwinden, und das wurde bei aller Geschwindigkeit zu einem Lauf, reich an beklemmenden und süßen Erregungen.

Hier muß gesagt werden, daß Tomagra den Kopf weit zurückgelehnt hatte, so daß man auch hätte meinen können, er schliefe: dies war weniger als Alibi für ihn selbst gedacht, sondern vor allem ein Angebot an die Dame, das ihr die Möglichkeit gab, sich nicht belästigt fühlen zu müssen, falls seine Hartnäckigkeit ihr unangenehm werden sollte; sie durfte seine Handbewegungen für unbewußt halten, für Gesten, die aus der schlafenden Ruhe eines Traumteichs auffuhren. So streckte sich jetzt von der eng an sein Knie gepreßten Hand Tomagras ein Finger aus, der kleine Finger, und ging kreisend auf Entdekkungsreisen. Er strich leicht über ihr Knie, und sie blieb still und fügsam; nun kreiste er vorsichtig auf dem seidigen Stoff des Strumpfes, dessen glänzende Wölbung Tomagra durch die halbgeschlossenen Lider musterte. Doch merkte er bald, daß die Kühnheit dieses Spiels nicht genügend belohnt wurde, denn der kleine Finger war zu fleischlos und zu ungelenkig, um mehr als winzige Gefühlsschauer übermitteln zu können; jedenfalls reichte er nicht aus, um die Form und Substanz dessen, was er berührte, klar zu empfinden.

Deshalb verband Tomagra den kleinen Finger wieder mit der ganzen Hand, aber nicht, indem er ihn zurückzog, sondern dadurch, daß er den Ring-, den Mittel- und den Zeigefinger ebenfalls ausstreckte: so ruhte seine Hand nun unbeweglich an diesem Frauenknie, und der Zug wiegte sie in einer Woge von Zärtlichkeit.

Jetzt erst dachte Tomagra an die anderen Fahrgäste: wenn auch die Dame selbst, gewährend oder nur geheimnisvoll unempfindlich, auf seine Frechheiten nicht reagierte, so saßen doch noch andere im Abteil, und es konnte wegen seines unsoldatischen Benehmens der Dame gegenüber, die es auch noch zu dulden schien, zu einem Skandal kommen. Vor allem um die Dame von einem möglichen falschen Verdacht zu befreien, zog Tomagra seine Hand zurück, ja er versteckte sie, als sei sie die Schuldige. Dies wiederum war aber doch ein rechtes Versteckspiel, geboren aus heuchlerischer Überlegung, denn indem er die Hand verbarg, brachte er sie dem Körper der Dame, die auf der Sitzbank ziemlich viel Platz einnahm, nur näher.

Tatsächlich gaben die Finger, leicht wie ein Falter sich niedersetzt, die Empfindung weiter: da war sie. Jetzt nur noch ein wohliger Ruck mit der ganzen Handfläche – und regungslos blieb der Blick der Witwe unter dem Schleier, kaum hob sich die Brust im Atemzug ... Aber wie auch: schon war Tomagras Hand zurückgeeilt wie eine flüchtige Maus.

Sie hat sich nicht gerührt, dachte er, vielleicht will sie. Doch er dachte auch: Ein bißchen weiter, und es ist zu spät. Vielleicht lauert sie nur darauf, eine Szene zu machen.

Daraufhin legte Tomagra, nur um auf gefahrlose Weise etwas mehr Sicherheit zu gewinnen, seinen Handrücken auf den Sitz und wartete ab, ob nicht das Schütteln des Zuges die Dame unmerklich auf seine Finger rutschen lassen werde. Er wartete ab, ist dabei etwas ungenau gesagt: die Fingerspitzen hoben sich hin und wieder empor, ihr entgegen mit winzigen Sprüngen, wie hochgeworfen vom Rattern der Räder. Wenn er die Fingerspitzen bei einem gewissen Punkt in der Luft zurückhielt, dann nicht etwa, weil die Dame ein Zeichen ihres Mißfallens von sich gegeben hätte, sondern deshalb: wenn sie mit ihm einverstanden war, konnte sie ihm ohne jede Schwierigkeit mit einer winzigen Drehung entgegenkommen, sich auf die wartende Hand leicht niederlassen. Um ihr diesen freundschaftlichen Vorschlag seiner Beharrlichkeit zu übermitteln, versuchte sich Tomagra an einem diskreten Wedeln mit einem Finger; die Dame sah aus dem Fenster und spielte mit träger Hand am Verschluß ihrer Handtasche, auf, zu, auf, zu. War dies ein Zeichen, er solle sie in Ruhe lassen, eine letzte Absage, die sie ihm warnend zukommen ließ, ein Hinweis, daß ihre Geduld bald erschöpft sein würde? War es dies – so fragte sich Tomagra – war es das?

Jetzt drückte sich seine Hand schon wie ein Polyp mit zu kurzen Fangarmen an ihr Fleisch. Die Entscheidung war gefallen, er konnte nicht mehr zurück; aber sie, sie, sie war eine Sphinx.

Rückwärts wie ein Krebs kroch die Hand des Soldaten an ihrem Schenkel entlang; war sie auch vor den Augen der anderen Reisenden gut verborgen? Offenbar nicht: die Witwe hob ihr Jackett, das sie zusammengefaltet im Schoß hielt, und ließ es nach einer Seite hinunterhängen. Um ihm eine Abschirmung zu schaffen, oder um ihm den Weg zu versperren? Bitte: frei und ungesehen bewegte sich seine Hand jetzt, rankte sich empor, wagte ein erstes zärtliches Streicheln. Doch das Gesicht der Dame blieb abgekehrt, in die Ferne gerichtet. Zwischen ihrem Ohr und dem aufgesteckten Haar sah Tomagra ein Stückchen nackter Haut. Und in der Höhlung des Ohres pulsierte eine Ader; das war ihre Antwort an ihn, klar, gelöst, unwiderruflich. Plötzlich wandte sie ihr marmornes, stolzes Haupt – wie ein Vorhang schwankte der vom Hut herabwallende Schleier, verloren lag ihr Auge unter den schweren Lidern. Doch der Blick war über Tomagra hinweggeglitten, hatte ihn nicht einmal gestreift. Über ihn hinweg sah sie auf irgend etwas oder auf nichts, auf einen Gegenstand vielleicht, der ihren Gedankenflügen Halt gab und jedenfalls viel wichtiger und bedeutender war als er, Tomagra. Doch dies alles dachte er erst etwas später. Zuvor, bei ihrer ersten Regung, hatte er sich sofort zurückgeworfen, die Augen zugepreßt wie im Schlaf und versucht, die Röte zurückzudrängen, die sein Gesicht zu überziehen begann. Und auf diese Weise hatte er vielleicht die Gelegenheit versäumt, im ersten Blitz ihres Blickes eine Antwort auf seine letzten Zweifel aufzufangen.

Unter der schwarzen Jacke verborgen, war die Hand wie ohne Verbindung zu seinem übrigen Körper, für sich allein, abgestorben und mit den Fingern zum Puls zurückgekrümmt; keine wirkliche Hand mehr, ohne Empfindung, es sei denn die der Verzweigung der Knochen. Doch da die unterbrochene Reglosigkeit der Witwe, nach dem ungewissen Kreisen ihres Blickes, wieder war wie zuvor, flossen Blut und Mut in diese Hand zurück. Und indem Tomagra aufs neue den Kontakt mit jenem nachgiebigen Stück Frauenbein aufnahm, wurde er gewahr, daß er eine Grenze erreicht hatte: die Finger spielten am Saum des Rockes, dahinter kam eine Leere, die Höhlung der Kniekehlen.

Dies war das Ende der heimlichen Freuden, dachte der Rekrut, und sie erschienen seiner rückblickenden Erinnerung in einem recht armseligen Licht, mochte er auch seine Vergnügungen geschickt dosiert und geizig gesteigert haben: dieses tölpelhafte Streicheln über ein Stückchen Seide hatte ihm nun wirklich nicht verweigert werden können, gerade im Hinblick auf seine bedauernswerte Lage als Soldat; und auf ihre diskrete Weise, ohne es sich anmerken zu lassen, hatte die Dame es ihm gnädig gewährt.

Doch als Tomagra nun, trübselig, die Hand wieder zurückziehen wollte, stockte er, denn er stellte fest, daß die Dame ihre Jacke jetzt anders im Schoß hielt: nicht mehr zusammengefaltet (wie zuvor bestimmt), sondern nachlässig hingeworfen, so, daß ein Teil ihr nach vorn über die Beine hinabhing. Seine Hand befand sich also in einem dichten Zelt; ein letzter Vertrauensbeweis vielleicht, den die Dame ihm zukommen ließ, da sie sicher sein durfte, der Soldat werde den unüberbrückbaren Abstand zwischen ihnen beiden respektieren und die Gelegenheit nicht mißbrauchen. Mühevoll rief er sich noch einmal alles genau ins Gedächtnis, was zwischen der Witwe und ihm vorgefallen war, und er suchte in ihrem Verhalten irgend etwas zu entdecken, das auf ein größeres Entgegenkommen schließen ließ; seine eigenen Gesten kamen ihm dabei abwechselnd vor wie unerhebliche, zufällige Berührungen und dann wieder wie entschiedene Intimitäten, die jeden Rückweg abschnitten.

Seine Hand ergab sich offenbar dieser zweiten Deutung seiner Erinnerungen, denn ehe er sich der Unwiderruflichkeit dieser Handlung klargeworden war, hatten die Finger den Paß schon überschritten. Und die Dame? Sie schlief. Den Kopf mit dem großartigen Hut in die Ecke zurückgelehnt, hielt sie ihre Augen geschlossen. Mußte Tomagra diesen echten oder vorgetäuschten Schlaf achten? Oder war er die Botschaft einer Komplicin, wie schon manches zuvor, und man mußte sich erkenntlich zeigen? Der Punkt, an den er inzwischen gelangt war, duldete kein Zaudern; es blieb ihm nichts übrig, als weiter vorzudringen.

Die Hand des Rekruten Tomagra war klein und kurz, ihre harten Stellen waren so gut mit Fleisch und Muskeln verwachsen, daß nach außen alles weich und gleichmäßig wirkte; die Knochen spürte man nicht, und die Bewegungen gingen, angenehm und geschmeidig, eher von den Nerven aus als von den Gliedern der Finger.

Diese kleine Hand kannte regelmäßige, unverbindliche und winzige Bewegungen, um die Vollständigkeit des Kontaktes lebendig und glühend zu erhalten. Doch als schließlich ein erster Schauer durch die Erschlaffung der Schlafenden rann, wie wenn ferne Meeresströmungen auf geheimen Wegen tief unter der Wasserfläche dahinlaufen, war der junge Soldat so überrascht, daß er, offenbar in der Annahme, die Witwe habe bis jetzt wirklich nichts bemerkt, erschrocken die Hand an sich riß.

Jetzt saß er wieder in sich zusammengesunken da, die Hände auf den eigenen Knien, wie in dem Augenblick, als sie das Abteil betreten hatte; er war sich dabei völlig klar darüber, wie absurd er sich benahm. Dann suchte er mit betontem Hackenscharren und einem kräftigen Dehnen in den Hüften wieder eine günstige Lage einzunehmen, doch selbst diese Vorsicht, mit der er es tat, war absurd; als ob es möglich wäre, die unendlich geduldige Arbeit wieder von vorne zu beginnen, als ob er nicht um die Tiefen wüßte, in die er inzwischen schon längst vorgedrungen war. War er in der Tat so weit vorgedrungen? Narrte ihn nicht nur ein Traum?

Ein Tunnel fiel über sie her. Immer dichter wurde das Dunkel, und zuerst mit schüchternen Gesten, als handele es sich tatsächlich um erste Annäherungen und als staune er über die ungeheure Vertraulichkeit, die sich zwischen jener Frau und ihm gebildet hatte, hob er eine wie ein Wasserhuhn zitternde Hand und streckte sie nach ihrer Brust aus, ihrer großen, dem eigenen Gewicht sich hingebenden Brust; und schwer atmend bemühte er sich, ihr mit seiner herumtastenden Hand zu erklären, in welch elendem und zugleich unerträglich glücklichem Zustand er sich befand, und wie notwendig es für ihn sei, daß sie, wenn auch sonst nichts anderes, aus ihrer Reserve heraustrete.

Und wirklich reagierte die Witwe, aber mit einer heftigen Bewegung, die sie abschirmte und ihn zurückstieß.

Sie genügte völlig, um Tomagra in seine Ecke zu scheuchen, wo er heimlich die Hände rang. Doch vermutlich handelte es sich um falschen Alarm, ein Licht war durch eine Mauerlücke in den Tunnel gefallen und hatte die Witwe fürchten lassen, der Tunnel sei gleich zu Ende. Vielleicht... oder aber er hatte ein Warnungszeichen überfahren und sich eine schreckliche Inkorrektheit ihr gegenüber erlaubt, nachdem sie schon so großmütig gewesen war? Nein, nunmehr konnte nichts zwischen ihnen unerlaubt sein, ihre Handlungsweise war vielmehr ein Zeichen, daß alles wirklich war, daß sie mit ihm übereinstimmte und teilnahm. Tomagra näherte sich von neuem. Gewiß, mit all den Überlegungen hatte er wieder Zeit verloren, der Tunnel würde nicht mehr lange dauern, es war unvorsichtig, sich vom plötzlichen Tageslicht überraschen zu lassen, schon fürchtete er, die Wand des Tunnels ergrauen und heller werden zu sehen, aber je länger er wartete, desto gefährlicher wurde jeder neue Versuch, und doch war dieser Tunnel sehr lang, von anderen Reisen erinnerte er sich daran. Bestimmt, wenn er die Gelegenheit sofort genutzt, hätte er viel Zeit vor sich gehabt. Jetzt war es schon besser, das Ende abzuwarten. Aber warum hörte der Tunnel denn überhaupt nicht mehr auf, vielleicht war dies die letzte Möglichkeit für ihn gewesen – da lösten sich auch schon die Schatten auf, da war es zu Ende.

Man hielt in einem der letzten Bahnhöfe der Provinzstrecke. Der Zug leerte sich; aus dem Abteil waren schon die meisten Reisenden verschwunden, jetzt holten die letzten ihr Gepäck aus dem Netz und gingen davon. So kam es, daß sie schließlich allein zurückblieben, der junge Soldat und die Witwe, dicht nebeneinander und doch getrennt, stumm, die Blicke ins Leere gerichtet. Tomagra hielt es noch für nötig zu denken: Jetzt wo alle Plätze frei sind, wenn sie ihre Ruhe haben, wenn sie bequem sitzen will, wenn ich ihr lästig bin, sie kann ja...

Irgend etwas hielt ihn noch zurück und erfüllte ihn mit Besorgnis, vielleicht eine Gruppe von Rauchenden im Gang draußen, oder ein Licht, das irgendwo aufflammte, da es Abend wurde. Ihm fiel ein, er könnte die Vorhänge an den Fenstern zum Gang zuziehen, wie jemand, der schlafen will; mit elefantenhaften Schritten ging er hin, begann mit langsamer, minutiöser Sorgfalt die Vorhänge loszubinden, sie herunterzuziehen, wieder festzuknüpfen. Als er sich umwandte, sah er, daß sie sich hingelegt hatte. Als wollte sie schlafen; aber abgesehen davon, daß sie die Augen starr geöffnet hielt, war sie in ihrer ganzen würdigen Aufmachung hingesunken, und auf dem Kopf, den sie an die Armlehne der Sitzbank drückte, trug sie noch immer ihren Hut.

Tomagra stand jetzt über ihr. Um ihren simulierten Schlaf zu beschützen, wollte er auch das andere Fenster verdunkeln, und er beugte sich über sie, um den Vorhang zu lösen. Doch dies war nur eine eigene Art, ungeschickte Gesten über den reglosen Körper der Witwe hin auszuführen. Da hörte er auf, am Vorhangfetzen zu zerren und begriff, daß er anderes zu tun hatte. Er mußte ihr zeigen, wie unaufschiebbar sein Verlangen war, und sei es nur, um ihr zu erklären, in welche schiefe Lage sie versehentlich geraten war; er wollte sagen: Sehen Sie, Sie waren entgegenkommend zu mir, weil Sie wissen, daß wir armen und einsamen Soldaten ein wenig Zärtlichkeit brauchen, aber da haben Sie's, sehen Sie selbst, was ich für einer bin, wie ich Ihre Liebenswürdigkeit aufgenommen habe, bis zu welchem Grade eines ganz und gar unmöglichen Wunsches ich gelangt bin, bitte, da, sehen Sie selbst.

Und da es nunmehr offenbar war, daß nichts die Witwe in Erstaunen versetzen konnte, daß sie vielmehr alles und jedes schon vorhergesehen zu haben schien, blieb dem Infanteristen keine andere Möglichkeit; er mußte tun, als gäbe es keinen Zweifel, bis endlich der

Schauer seiner Tollheit auch das ergriff, was dieses Wahnes Gegenstand und Ziel war: sie.

Als Tomagra sich erhob und die Witwe unter ihm blieb mit ihrem klaren und ernsten Blick (sie hatte blaue Augen), den schleierbesetzten Hut immer noch auf dem Kopf, und der Zug nicht aufhörte, mit hohem Ton durch die Landschaft zu pfeifen, und draußen die unendlichen Weinfelder sich immer weiter aneinanderreihten, und Regen mit Wucht gegen die Scheiben prasselte –: da empfand er noch einmal eine Regung der Furcht, daß er, der Rekrut Tomagra, so viel gewagt hatte.

Abenteuer einer Badenden

Als Frau Isotta Barbarino am Strand von ... badete, traf sie ein bedauerliches Mißgeschick. Sie war weit hinausgeschwommen, und als sie sich wieder dem Ufer zuwendete, weil ihr die Zeit zur Umkehr gekommen schien, bemerkte sie, daß sich etwas ereignet hatte, was nicht wieder gutzumachen war. Sie hatte ihren Badeanzug verloren.

Sie konnte nicht sagen, ob er ihr gerade in diesem Augenblick heruntergerutscht war, oder ob sie schon eine Weile lang ohne ihn schwamm; von ihrem neuen Zweiteiligen war ihr nur das Oberteil geblieben. Bei einer Bewegung der Hüfte mußten einige Knöpfe abgesprungen sein, und der auf ein formloses Fetzchen Stoff reduzierte Slip war ihr über das andere Bein hinuntergeglitten. Vielleicht sank er gerade einige Spannen unter ihr in die Tiefe; sie versuchte, sich unter die Oberfläche sinken zu lassen, aber sofort bekam sie keine Luft mehr, und nur undeutliche, grüne Schatten tanzten vor ihrem Blick.

Sie unterdrückte die aufsteigende Angst und versuchte, mit Ruhe ihre Gedanken zu ordnen. Es war Mittag, das Meer war voller Menschen, die in Paddel- und Kufenbooten fuhren oder auch schwammen. Sie kannte niemanden; sie war erst am Vortag mit ihrem Mann angekommen, der leider gleich wieder in die Stadt hatte zurück müssen. Es gab jetzt keinen anderen Ausweg, dachte Frau Isotta, – und sie wunderte sich über ihre klaren und ruhigen Überlegungen, – als zwischen den Booten einen Bademeister zu finden, den es ja irgendwo geben mußte, oder besser irgend jemanden, der ihr Vertrauen einflößte, und ihn zu rufen, sich ihm zu nähern und ihn gleichzeitig um Hilfe und Diskretion zu bitten.

All dies überdachte Frau Isotta, indem sie sich fast zusammengekauert dicht unter der Oberfläche hielt und nicht wagte, sich umzusehen. Nur ihr Kopf schaute hervor, und plötzlich senkte sie das Gesicht zum Wasserspiegel, nicht um ihm das Geheimnis zu entreißen, das ihm als unverletzlich anvertraut war, sondern mit der Bewegung, mit der man Augenlider und Schläfen gegen Laken oder Kopfkissen streicht, um die Tränen über einen nächtlichen Gedanken zu verscheuchen. Und es war wirklich ein Andrang von Tränen, der auf ihre Augenwinkel drückte, und vielleicht geschah dieses instinktive Neigen des Kopfes wirklich, um die Tränen im Meer zu trocknen: so groß war ihre Verwirrung und so groß war in ihr der Unterschied zwischen Überlegung und Gefühl. Sie war also nicht ruhig: sie war verzweifelt. Mitten in diesem unbeweglichen Meer, das in langen Abständen von kaum spürbaren Wellenbergen durchlaufen wurde, verhielt auch sie sich reglos, keine langsamen Armstöße mehr, nur eine flehentliche Bewegung der Hände unter dem Wasser, und das beunruhigendste Anzeichen ihres Zustandes, den sie vielleicht selbst nicht ganz begriff, war dieser Geiz mit den Kräften, den sie an sich beobachten mußte, so als hätte sie sehr lange und nervenaufreibende Stunden vor sich.

Den zweiteiligen Badeanzug hatte sie heute morgen zum ersten Mal angezogen, und auf dem Strand, inmitten so vieler unbekannter Menschen, war es ihr vorgekommen, als fühle sie sich seinetwegen nicht ganz wohl. Sobald sie sich jedoch im Wasser befand, war sie glücklich, freier in den Bewegungen, und sie hatte größere Lust zu schwimmen. Frau Isotta liebte es, lange weit draußen zu schwimmen, nicht der Sport machte ihr Spaß, denn sie war ein wenig rundlich und faul; das, was sie daran reizte, war der vertraute Umgang mit dem Wasser, das Gefühl, eins zu sein mit dem heiteren Meer. Der neue Badeanzug verstärkte dieses Gefühl; ja, das erste, was sie beim Schwimmen dachte, war: »Ich fühle mich nackt.« Das einzig Unangenehme war der Gedanke an den übervölkerten Strand und auch nur darum, weil ihre zukünftigen Badebekanntschaften sich vielleicht beim Anblick ihres Badeanzuges ein Bild von ihr gemacht hatten, das sie irgendwie würden ändern müssen: nicht so sehr, was ihre Anständigkeit betraf, denn nachgerade liefen alle am Meer so herum, aber indem sie zum Beispiel glaubten, sie sei sportlich oder sehr modern, während sie doch in Wirklichkeit eine solide und häusliche Frau war. Und vielleicht hatte sie, als sich das Mißgeschick ereignete, eben deshalb nichts bemerkt, weil sie spürte, anders als gewöhnlich zu sein. Das vorher am Strand wahrgenommene Unbehagen, der neue Eindruck des Wassers auf der nackten Haut, die unbestimmte Sorge, zu den Badenden zurückkehren zu müssen, alles wurde aufgebauscht und von dem neuen Gefühl tiefer Bestürzung verschlungen.

Das, was sie jetzt um keinen Preis sehen wollte, war der Strand. Trotzdem sah sie dorthin. Es schlug zwölf Uhr, und auf dem Sand warfen die Sonnenschirme mit den schwarzen und gelben Kreisen dunkle Schatten, in denen Körper sich ausstreckten, und das Gewimmel der Badenden ergoß sich ins Meer, und keines der Kufenboote war mehr am Strand, und sobald eines zurückkehrte, wurde es im Sturm genommen, ehe es noch das Land berührte, und der dunkle Rand der blauen Fläche wurde belebt von weißen Wasserstrahlen, die unaufhörlich in die Höhe spritzten, besonders hinter den Tauen, wo die Kinderschar tobte, und bei der leisesten Welle erhob sich ein Geschrei, das sofort von der Brandung verschluckt wurde. Und draußen auf dem offenen Meer war sie, Frau Isotta, nackt.

Das hätte niemand vermutet, der nur ihren Kopf aus dem Wasser schauen sah, und ein wenig die Arme und die Brust, während sie behutsam schwamm, ohne je den Körper an die Oberfläche zu bringen. Sie konnte also ihre

Suche nach Hilfe fortsetzen, ohne sich zu sehr bloßzustellen. Und um zu ergründen, wieviel von ihr fremde Augen zu sehen vermöchten, hielt sie immer wieder inne und versuchte, sich zu betrachten, indem sie fast aufrecht schwamm. Mit Unruhe sah sie im Wasser die hellen unterseeischen Reflexe der Sonnenstrahlen funkeln und schwimmende Algen und blitzschnelle Schwärme gestreifter Fische und unten auf dem Grund den gewellten Sand und darüber ihren Körper beleuchten. Mit eng geschlossenen Beinen bemühte sie sich vergebens, ihn vor ihrem eigenen Blick zu verstecken: die Haut des weißen Bauches leuchtete zwischen dem Braun der Brust und der Schenkel verräterisch auf, und weder die Bewegung einer Welle noch die unter der Oberfläche schwimmenden, halb versunkenen Algen verwischten das Dunkle und das Helle ihres Schoßes. Frau Isotta begann wieder auf ihre unnatürliche Weise zu schwimmen; ohne innezuhalten, ließ sie ihren Körper so tief wie möglich eintauchen und drehte den Kopf, um aus den Augenwinkeln über die Schulter zu schauen: und bei jedem Stoß erschien die ganze weiße Fülle ihrer Person in ihren deutlichsten und geheimsten Umrissen. Und sie mühte sich ab, Art und Richtung ihres Schwimmens zu ändern, beobachtete jede Beugung in jedem Licht, drehte sich um sich selbst; und immer kam ihr dieser kränkende nackte Körper nach. Es war eine Flucht vor ihrem Körper, der sie herausforderte, als gehöre er einer anderen Person, die sie, Frau Isotta, nicht aus einer schwierigen Lage retten und schließlich nur noch ihrem Schicksal überlassen konnte. Und doch war ihr üppiger und so schwer zu verbergender Körper einst einer ihrer Trümpfe gewesen, ein Anlaß zur Zufriedenheit; nur eine sinnlose Reihe von scheinbar einleuchtenden Umständen konnte aus ihm einen Grund zur Scham machen. Oder vielleicht auch nicht, vielleicht war ihr Leben immer nur das einer angezogenen Dame, die sie schließlich ihr Leben lang gewesen war, und ihre Nacktheit gehörte so wenig zu ihr; sie war ein zufälliger Naturzustand, der sich von Zeit zu Zeit enthüllte und die Menschen und besonders sie selbst verwunderte. Jetzt erinnerte sich Frau Isotta daran, daß sie auch allein oder mit ihrem Mann ihr Nacktsein immer mit einer Miene des Schuldgefühls, einer bald verlegenen, bald katzenartigen Ironie begleitet hatte, als ob sie gleichzeitig ein lustiges, aber unsinniges Kostüm überzöge für eine Art heimlichen Karneval zwischen Eheleuten. Nach den ersten romantischen Jahren voller Enttäuschungen hatte sich Frau Isotta ein wenig widerstrebend daran gewöhnt, einen Körper zu haben, und sie hatte sich gewöhnt an ihn wie jemand, der lernt, über ein von vielen ersehntes Besitztum zu verfügen. Jetzt, angesichts des lärmenden Strandes, machte das Bewußtsein dieses Rechtes wieder den alten Ängsten Platz.

Als der Mittag vorüber war, begannen die Badenden sich langsam wieder dem Ufer zu nähern; es war Zeit für das Essen in den Pensionen, den Imbiß vor den Kabinen und auch die Stunde, in der man den glühenden Sand unter der senkrechten Sonne genießt. Und die Kiele der Paddelboote und die Kufen der anderen Schiffe fuhren dicht an Frau Isotta vorüber, und sie musterte die Gesichter der Männer an Bord, und manchmal war sie nahe daran, ihnen entgegenzuschwimmen; aber jedesmal schlugen ein Aufblitzen der Augen unter den Brauen, ein leichtes ruckartiges Zucken mit Schultern oder Ellenbogen sie in die Flucht, und sie schwamm davon, mit scheinbar unbefangenen Stößen, deren Ruhe eine schon gefährliche Müdigkeit verbarg. Wenn die Leute in den Booten, die allein oder in Gruppen fuhren, Burschen, die sich nur für körperliches Training interessierten, oder Herren mit hintergründigen Absichten und aufdringlichen Blicken, ihr begegneten, wie sie verloren im Meer schwamm, mit kummervollem Gesicht, das eine ängstliche, bittende Unruhe schlecht verbarg, mit der Bademütze, die ihr einen puppenhaften, leicht beleidigten Ausdruck verlieh, und mit den weichen, unsicher kreisenden Schultern, dann fuhren sie aus ihrer Versunkenheit und ihren Träumen auf, und die zu mehreren waren, machten mit einer Bewegung des Kinnes oder mit einem Augenzwinkern auf sie aufmerksam, und die allein kamen, bremsten mit einem Ruder die Fahrt ab, um ihr mit dem Bug den Weg abzuschneiden. Ihrer Suche nach vertrauenswürdigen Menschen antwortete die sich aufrichtende Wand von Bosheit und Hintergedanken, ein Dornengestrüpp von stechenden Pupillen, von schneidendem, zweideutigem Lachen, von plötzlichem, fragendem Innehalten der Ruder über dem Wasser; und es blieb ihr nichts übrig, als zu fliehen. Einige Schwimmer, die mit ihren flachliegenden Köpfen blind in die Flut stießen und Wasserstrahlen ausschnaubten, kamen vorbei, ohne den Blick zu erheben; aber Frau Isotta mißtraute ihnen und floh. Und andere machten, von einer plötzlichen Müdigkeit gepackt, toten Mann und verursachten durch Strampeln mit den Beinen ein unsinniges Plätschern und zogen um sie herum, bis sie ihre Verachtung zeigte, indem sie davonschwamm.

Und schon war das Netz der zwangsläufigen Anspielungen um sie gespannt, als wollte es sie in die Enge treiben; als träumte jeder dieser Männer seit Jahren von einer Frau, der das passierte, was ihr passiert war; als verbrächten sie alle die Sommer am Meer in der Hoffnung, im rechten Augenblick zur Stelle zu sein. Es gab keinen Ausweg, die Front der zwangsläufigen männlichen Absichten vereinte alle Männer, und es gab keine Bresche; es war jetzt sicher, daß es den Retter nicht geben konnte, den sie sich eigensinnig als ein möglichst anonymes, fast engelhaftes Wesen erträumt hatte, als einen Bademeister, einen Matrosen. Der Bademeister, den sie vorbeikommen sah, gewiß der einzige, der auf einem so ruhigen Meer hin und her fuhr, um mögliche Unglücksfälle zu verhindern, hatte so fleischige Lippen, und seine Muskeln schienen so eins mit seinen Nerven zu sein, daß sie nie den Mut gehabt hätte, sich seinen Händen anzuvertrauen, wenn es auch nur gewesen wäre – dachte sie ohne weiteres in der Aufregung des Augenblicks –, um sich von ihm eine Kabine aufschließen oder einen Sonnenschirm aufstellen zu lassen.

In ihrer enttäuschten Vorstellung waren die Personen, an die sie sich zu wenden gehofft hatte, immer Männer. Sie hatte nicht an Frauen gedacht, und doch mußte mit ihnen alles viel einfacher sein: Ein Gefühl weiblicher Zusammengehörigkeit hätte sich in dieser schwierigen Lage und bei ihrer Angst, die nur eine von ihnen wirklich begreifen konnte, sicher geregt. Aber die Gelegenheiten, mit Personen ihres eigenen Geschlechtes Verbindung aufzunehmen, waren seltener und ungewisser im Gegensatz zu der Leichtigkeit des Zusammentreffens mit Männern; bei weiblichen Wesen hemmte sie ein gegenseitiges Mißtrauen. Die meisten Frauen fuhren auf Kufenbooten zusammen mit einem Mann vorüber, eifersüchtig und unerreichbar, und suchten das weite Meer, wo ihr Körper, von dem sie selbst nur die passive Schande empfand, für jene zur Waffe eines vorausberechenbaren Angriffs wurde. Einige Boote näherten sich, beladen mit kichernden und erhitzten jungen Mädchen, und Frau Isotta dachte, wie weit die grobe Gewöhnlichkeit ihrer Qual von der flüchtigen Gedankenlosigkeit der Mädchen entfernt war; sie dachte daran, wie oft sie ihr Rufen wiederholen müßte, weil sie beim erstenmal nichts verstehen würden; sie dachte an die Veränderung in ihren Gesichtern bei der Neuigkeit und konnte sich nicht entschließen, sie zu rufen. Es fuhr auch eine braungebrannte Blondine allein in einem Paddelboot vorbei, voller Selbstgefälligkeit und Egoismus, die gewiß draußen ein Sonnenbad nehmen wollte und der nicht der leiseste Gedanke kam, daß diese Nacktheit ein Unglück oder eine Verdammung sein könnte. Frau Isotta wurde sich klar darüber, wie allein eine Frau ist, wie selten unter ihresgleichen (vielleicht zerstört durch die enge Verbindung mit dem Mann) eine solidarische und ursprüngliche Güte zu finden ist, eine Güte, die dem Hilferuf zuvorkommt und mit einem Zeichen des Einverständnisses im Augenblick des geheimen, dem Mann unverständlichen Unglücks hilft. Nie würde sie von Frauen gerettet werden: Und es fehlte ihr der Mann. Sie fühlte sich am Ende ihrer Kräfte.

Eine kleine rostfarbene Boje, die bis jetzt von einer Bande tauchender Burschen bestürmt worden war, blieb plötzlich, nach einem allgemeinen Davontauchen, leer... Eine Möwe setzte sich auf sie, fächelte mit den Flügeln und flog fort, weil Frau Isotta sich an ihrem Rand festklammerte. Sie würde ertrinken, wenn es ihr nicht gelang, rechtzeitig anzufassen... Aber selbst der Tod war nicht möglich, nicht einmal dieser kaum zu rechtfertigende, unmäßig teuer bezahlte Ausweg war ihr gelassen; denn als sie schon fühlte, daß ihr das Bewußtsein schwand und es ihr nicht mehr gelang, das Kinn, das hinab zum Wasser zog, hochzuhalten, hatte sie noch gesehen, wie die Männer auf den Booten ringsum sich plötzlich aufrichteten, bereit, sich zu ihrer Hilfe ins Wasser zu stürzen: sie wollten sie nur retten, um sie nackt und ohnmächtig durch ein fragendes und neugierig zuschauendes Publikum zu tragen, und ihre Todesgefahr hätte nur den lächerlichen und gemeinen Ausgang gehabt, dem sie umsonst zu entfliehen suchte.

Als sie von der Boje aus die Schwimmer und die Ruderer betrachtete, die nach und nach vom Ufer verschluckt zu werden schienen, erinnerte sie sich an die wunderbare Müdigkeit bei solcher Rückkehr; und die Rufe von einem Boot zum anderen: »Wir sehen uns noch am Ufer!« oder: »Los, wer zuerst ankommt!« erfüllten sie mit grenzenlosem Neid. Aber allein der Anblick eines mageren Mannes, der mit merkwürdigen langen Tauen auf dem

Meer zurückgeblieben war, aufrecht auf einem ruhig liegenden Motorboot, und der irgend etwas im Wasser betrachtete, verwandelte ihren Wunsch nach Rückkehr in den Drang, sich hinter der Boje zu verstecken.

Sie erinnerte sich nicht mehr, wie lange sie schon hier war: schon wurde der Strand leerer, und die Paddelboote lagen wieder in einer Reihe auf dem Trockenen, und von den Sonnenschirmen, die einer nach dem anderen zugeklappt wurden, blieb nur noch ein Friedhof von stumpfen Stangen, und die Möwen flogen dicht über dem Wasser, und von dem stillstehenden Motorboot war der magere Mann verschwunden und an seiner Stelle beugte sich der erstaunte Kopf eines lockigen Jungen über den Rand; und die Sonne wurde kurz verdeckt von einer Wolke, wie ein kaum erwachter Wind zu dichten Wolkenballen über dem Gebirge trieb. Frau Isotta dachte daran, wie diese Stunde auf dem Land aussah, dachte an die festlichen Nachmittage, an das durch bescheidene Eleganz und ehrbare Freuden gekennzeichnete Leben, für das sie sich bestimmt glaubte, und an den lächerlichen Widerspruch, der sich ihr jetzt entgegenstellte, als wäre er die Strafe für eine nicht begangene Schuld. Nicht begangen? Aber vielleicht waren ihr Alleinsein an einem Badeort, ihr Wunsch, allein zu schwimmen, die Freude über den eigenen Körper in einem mit zuviel Dreistigkeit gewählten zweiteiligen Badeanzug, nichts als die Zeichen einer seit langem begonnenen Flucht, die Herausforderung an einen Hang zur Sünde, eine Etappe in dem unsinnigen Rennen nach dem Zustand der Nacktheit, der sich ihr jetzt in all seiner armseligen Schalheit zeigte. Und diese Männerbande, inmitten derer sie sich unberührt wie ein großer Schmetterling zu bewegen glaubte, indem sie eine puppenhafte Unbefangenheit vortäuschte, die auch sie schuldig machte, enthüllte jetzt ihre angeborene Grausamkeit, ihr doppelbödiges, diabolisches Wesen: sie erinnerte an das Vorhandensein eines Übels, gegen das sie sich nicht hinreichend gerüstet hatte und das gleichzeitig ein Folterinstrument zu ihrer Strafe war.

Während sich Frau Isotta mit blutleeren, vom langen Schwimmen rilligen Fingern an die Schrauben der Boje klammerte, fühlte sie sich von der ganzen Welt verstoßen, und sie verstand nicht, warum diese Nacktheit, die alle seit jeher mit sich herumtrugen, jetzt nur sie mit einem Bann belegte, als ob sie das einzige nackte Wesen sei, das einzige Geschöpf unter dem Himmel, das nackt bleiben mußte. Als sie aufblickte, sah sie auf dem Motorboot jetzt beide stehen, den Mann und den Jungen, und ihr ein Zeichen geben, als wollten sie ihr sagen, sie solle dort bleiben und sich nicht aufregen. Sie waren ernst und verständnisvoll, die beiden, im Gegensatz zu allen vorher, als teilten sie ihr einen Richtspruch mit: sie habe sich damit abzufinden, sie sei dazu ausersehen, für alle zu zahlen; und gestikulierend versuchten sie, ihr zuzulächeln, ohne eine Spur von Bosheit; vielleicht eine Aufforderung, ihre Strafe freiwillig auf sich zu nehmen.

Plötzlich verschwand das Boot, schneller als man es ihm zugetraut hätte, und die beiden achteten auf den Motor und auf den Kurs und drehten sich nicht mehr nach ihr um. Frau Isotta versuchte nun ihrerseits, ihnen zuzulächeln, als wolle sie ihnen ihre Bereitwilligkeit zeigen: wenn man sie nur dafür anklagte, so beschaffen zu sein, daß alle sie liebten und eifersüchtig auf sie waren, wenn sie nur für alle weichen Körper büßen sollte, gut, dann würde sie zufrieden die ganze Schuld auf sich nehmen.

Das Boot mit seinem geheimnisvollen Kommen und Gehen und der verwirrte Knoten ihrer Überlegungen hatten sie so lange in ängstlicher Erregung gehalten, daß sie erst jetzt die Kälte bemerkte. Eine zärtliche Rundlichkeit erlaubte Frau Isotta sonst lange und eisige Bäder, die ihren Mann und alle anderen mageren Bekannten mit Bewunderung erfüllten. Aber jetzt befand sie sich schon zu lange im Wasser, und die Sonne war trüb geworden, und ihr glatter Körper bedeckte sich mit einer Gänsehaut, und langsam bemächtigte sich eine eisige Kälte ihres Blutes. Da, bei den Schauern, die sie durchliefen, fühlte Isotta, daß sie lebte, daß sie in Todesgefahr schwebte und unschuldig war. Denn die Nacktheit, die sie plötzlich mit sich trug, hatte sie nie als Vergehen angesehen, sie bedeutete eher ihre ängstliche Unschuld, ihre geheime Verbrüderung mit den Mitmenschen, Ausdruck und Ursache ihrer Existenz in der Welt; die anderen jedoch, die hintertriebenen Männer in den Paddelbooten und die dreisten Frauen unter den Sonnenschirmen, die ihre Nacktheit nicht akzeptierten und für die sie ein Verbrechen, einen Grund zur Anklage bedeuteten, nur sie waren schuldig. Sie wollte nicht für sie zahlen, und angeklammert an die Boje wand sie sich mit klappernden Zähnen und Tränen auf den Wangen hin und her... Da kam vom Hafen her das Motorboot wieder zurück, schneller noch als vorher, und der Junge schwenkte vom Bug aus ein schmales, grünes Segel: ein Kleid!

Als das Boot neben ihr hielt und der magere Mann ihr eine Hand entgegenstreckte, um ihr an Bord zu helfen, und sich mit der anderen lächelnd die Augen zuhielt, war Frau Isotta bereits so fern von der Hoffnung, daß jemand sie retten könnte, und ihre Gedanken kreisten schon um so andere Dinge, daß sie einen Augenblick lang ihre Gefühle nicht mit ihrem Denken und ihren Bewegungen zusammenzubringen vermochte; und sie streckte ihre Hand der des Mannes entgegen, ehe sie noch begriff, daß es sich nicht um ein Phantasiegebilde handelte, sondern um ein wirkliches Motorboot, das tatsächlich ihr zu Hilfe gekommen war. Dann verstand sie plötzlich, und alles wurde gut und mußte so sein, und Sorgen, Kälte und Angst waren vergessen. Ihre Blässe wich einer feurigen Röte, und aufrecht im Boot stehend zog sie sich das Kleid über, während sich der Mann und der Junge nach dem Horizont umgewandt hatten und die Möwen betrachteten.

Sie ließen den Motor an, und sie saß am Bug des Schiffes in einem grünen Kleid mit orangenen Blumen und sah auf dem Boden des Bootes die Tauchermaske für den Fischfang unter Wasser, und sie verstand, wie die beiden hinter ihr Geheimnis gekommen waren. Der Junge hatte sie gesehen, als er mit Maske und Harpune herabgetaucht war, und er hatte den Mann benachrichtigt, der seinerseits getaucht hatte, um sie zu sehen. Dann hatten sie ihr ein Zeichen gegeben, daß sie auf sie warten solle, ohne jedoch verstanden zu werden, und sie waren schnell zum Hafen gefahren, um sich das Kleid einer Fischersfrau zu verschaffen.

Die beiden saßen hinten im Boot, die Hände auf den Knien, und lächelten: der Junge, ein Lockenkopf von etwa acht Jahren, war ganz Auge und schaute erstaunt wie ein Füllen; der Mann mit seinem struppigen, grauen Kopf und seinem ziegelroten, muskulösen Körper lächelte ein wenig traurig, eine erloschene Zigarette im Mundwinkel. Frau Isotta kam in den Sinn, daß die beiden sich vielleicht jetzt, wo sie angezogen war, an ihren Anblick unter Wasser zu erinnern suchten; aber der Gedanke verursachte ihr kein Unbehagen. Da sie ja doch von jemandem gesehen werden mußte, war sie im Grunde zufrieden, daß es gerade diese beiden waren; und auch, daß sie dabei Neugier und Vergnügen empfunden hatten.

Um zum Strand zu gelangen, fuhr der Mann mit dem Boot die Mole entlang und dann am Hafenviertel und an den Gärten am Meer vorbei; und wer sie vom Land aus sah, glaubte gewiß, daß die drei eine kleine Familie bildeten, die wie jeden Abend vom Fischfang zurückkehrte. Um den Landungssteg drängten sich die grauen Fischerhäuser, und rote Netze waren zwischen kurzen Pfählen gespannt, und aus den vertauten Booten hoben einige Burschen bleifarbene Fische und übergaben sie stämmigen Mädchen, die viereckige Körbe mit flachen Rändern auf ihre Hüften stützten, und Männer mit winzigen goldenen Ohrringen saßen mit ausgestreckten Beinen auf der Erde und knüpften endlose Netze, und Tannin wurde zum Färben in Bütten gekocht, und Steinmäuerchen trennten die Gärten am Meer, wo die Boote neben dem Schilf lagen, das die Beete umgab, und Frauen mit dem Mund voller Nägel halfen den Männern, die ausgestreckt unter den Bootskielen die Risse reparierten, und auf den rötlichen Häusern trockneten auf einem Rost die eingesalzenen Tomatenhälften, die ein Schutzdach überdeckte, und unter den Spargelstauden suchten die Kinder Regenwürmer, und einige alte Männer bestäubten ihre Mispelbäume mit Insektenpulver, und gelbe Melonen wuchsen unter kriechenden Blättern, und alte Frauen brieten in ihren Pfannen kleine Tintenfische und Polypen und in Mehl gewälzte Kürbisblüten, und Schiffsrümpfe, die noch nach frischgehobeltem Holz dufteten, erhoben sich auf der kleinen Werft, und die an den Booten arbeitenden Jungen, zwischen denen ein Streit ausgebrochen war, bedrohten sich mit schwarzen Teerpinseln, und dann begann der Strand mit den kleinen Sandschlössern und Burgen, die die Kinder verlassen hatten.

Frau Isotta, die in ihrem knalligen grün-orangenen Kleid mit den beiden im Motorboot saß, wäre gern noch weiter gefahren. Aber der Bug des Bootes war schon zum Ufer gerichtet, und die Bademeister trugen die Liegestühle fort, und der Mann hatte sich über den Motor gebeugt und kehrte ihr den Rücken: den ziegelroten Rücken, mit den Wirbeln des Rückgrates in der Mitte, über den eine harte und salzige, wie von einem Seufzer bewegte Haut sich spannte.

Abenteuer eines Angestellten

Enrico Gnei, einem Angestellten, geschah es, daß er eine Nacht mit einer schönen Frau verbrachte. Als er schnellen Schrittes ihr Haus verließ, empfingen ihn die Luft und die Farben eines Frühlingsmorgens, frische, starke, neue Farben, und es schien ihm, als ob er zu den Tönen einer Musik ging.

Es muß gesagt werden, daß Enrico Gnei sein Erlebnis nur einem glücklichen Zusammentreffen von Umständen verdankte: ein Fest bei Freunden, eine besondere und vorübergehende Neigung der Frau – die sonst reserviert war und sich nicht leicht hingab –, eine Unterhaltung, bei der er sich ungewöhnlich wohl gefühlt hatte, die Hilfe, die – auf beiden Seiten – ein echter oder vorgetäuschter Rausch leistete, und schließlich noch eine kaum von ihm begünstigte logistische Kombination im Augenblick des Abschiednehmens: all dies, und nicht der persönliche Charme Gneis – oder wenn schon, dann doch nur seine diskrete und etwas anonyme Erscheinung, die ihn als unverbindlichen und unauffälligen Gefährten kennzeichnen konnte – hatte den unerwarteten Ausgang jener Nacht bestimmt. Er war sich dessen wohl bewußt und, von bescheidenem Charakter, hielt er sein Glück für um so kostbarer. Er wußte auch, daß dem Ereignis nichts weiter folgen würde; und er bedauerte dies nicht, da eine weitere Verbindung allzu störende Probleme in den Rhythmus seines gewohnten Lebens gebracht hätte. Die Vollkommenheit des Abenteuers bestand darin, daß es in dem Zeitraum einer Nacht begonnen und beendet wurde. Enrico Gnei war also an diesem Morgen ein Mann, der das Beste, was er sich auf der Welt wünschen konnte, genossen hatte.

Das Haus der Signora lag auf dem Hügel. Gnei schritt eine grüne, duftende Allee hinab. Es war noch vor der Zeit, zu der er gewöhnlich aus dem Hause trat, um ins Büro zu gehen. Die Signora hatte ihn gebeten, sich so früh hinauszuschleichen, damit er von dem Personal nicht gesehen würde. Der Mangel an Schlaf störte ihn nicht, er verursachte ihm sogar eine übernatürliche Hellsichtigkeit, eine Erregung jetzt nicht mehr der Sinne, sondern des Intellektes. Ein Rauschen des Windes, ein Summen, ein Geruch von den Bäumen, alles erschien ihm wie etwas, dessen er sich auf irgendeine Weise bemächtigen und das er genießen müsse; an eine bescheidenere Art, die Schönheit zu kosten, konnte er sich nicht wieder gewöhnen.

Da ihm, methodisch wie er nun einmal veranlagt war, die Tatsache, in einem fremden Hause aufgestanden zu sein, sich unrasiert und in Eile angezogen zu haben, den Eindruck veränderter Gewohnheiten hinterließ, dachte er einen Moment daran, einen Sprung nach Hause zu tun, um sich zu rasieren und sich zurecht zu machen, ehe er ins Büro ging. Die Zeit hätte gereicht, aber Gnei gab den Gedanken gleich wieder auf, zog vor, sich davon zu überzeugen, daß es zu spät sei, da ihn die Furcht überkam, die Wiederholung der täglichen Bewegungen könne die Atmosphäre des Außerordentlichen und des Reichtums, in der er sich jetzt bewegte, zerstören.

Er beschloß, daß sein Tag ruhig und großzügig verlaufen müsse, um die Hinterlassenschaft dieser Nacht so lange wie möglich zu bewahren. Das Gedächtnis, das die vergangenen Stunden Sekunde für Sekunde wiedererstehen lassen konnte, eröffnete ihm ein nicht enden wollendes Paradies. So mit den Gedanken umherschweifend, näherte sich Enrico Gnei gemächlich der Endstation der Straßenbahn.

Die fast leere Bahn wartete auf den Zeitpunkt der Abfahrt. Die Schaffner standen draußen und rauchten. Gnei stieg pfeifend ein, wobei die Schöße seines Überziehers flatterten, und setzte sich nachlässig nieder, dann nahm er plötzlich eine weltmännische Haltung ein, zufrieden, daß er es vermochte, sich gleich zu korrigieren, aber auch nicht unzufrieden mit dem vorurteilslosen Benehmen, das ihm zur zweiten Natur geworden war.

Das Viertel war wenig bewohnt und es gab nicht viele Frühaufsteher. In der Straßenbahn saßen eine ältliche Hausfrau, zwei sich unterhaltende Arbeiter und er, ein zufriedener Mann. Nette, zeitig aufstehende Leute. Sie waren ihm sympathisch; er, Enrico Gnei, war für sie ein geheimnisvoller Herr, geheimnisvoll und zufrieden, den man um diese Zeit noch nie in dieser Bahn gesehen hatte. Woher mochte er kommen? fragten sie sich vielleicht. Er war ein Mann, der Glyzinien betrachtete wie ein Mann, der es versteht, Glyzinien zu betrachten: er war sich dessen wohl bewußt, er Enrico Gnei. Er war ein Fahrgast, der dem Schaffner das Geld für den Fahrschein gibt, und zwischen ihm und dem Schaffner bestand die vollendete Beziehung zwischen Fahrgast und Schaffner, sie konnte nicht besser sein. Die Bahn fuhr zum Fluß hinunter; es lebte sich gut.

Enrico Gnei stieg im Zentrum aus und ging in ein Café. Nicht in das gewohnte. Ein Café voller Mosaiken. Es machte eben erst auf; die Kassiererin war noch nicht da; der Barmann setzte die Kaffeemaschine in Gang. Gnei schritt wie ein Herr in das Innere des Lokals, begab sich zum Schanktisch, bestellte einen Kaffee, wählte Gebäck aus der Vitrine und biß hinein, erst gierig, dann mit dem Ausdruck von jemandem, der im Mund noch die Erregung einer außergewöhnlichen Nacht spürt.

Auf der Theke lag eine offene Zeitung, Gnei sah sie. Er hatte an diesem Morgen keine Zeitung gekauft, das war bemerkenswert, wenn man bedenkt, daß dies nach Verlassen des Hauses immer sein erstes war. Er war ein peinlich genauer Gewohnheitsleser, der auch die unbedeutendsten Ereignisse verfolgte, und es gab keine Seite, die er übersprungen hätte. Aber an jenem Tag heftete sich sein Blick auf die Schlagzeilen, ohne mit den Gedanken dabei zu sein. Es gelang Gnei nicht, zu lesen: wer weiß, ob nicht eine Welle der nächtlichen Gefühle wieder in ihm aufstieg, jetzt, nachdem die Nahrung und der heiße Kaffee sie aufgeweckt und die abkühlende Wirkung der Morgenluft nachgelassen hatte. Er schloß die Augen, hob das Kinn und lächelte.

Der Barmann, der seinen verzückten Ausdruck einem sportlichen Bericht in der Zeitung zuschrieb, sagte zu ihm: »Ah, Sie freuen sich, daß am Sonntag Boccadasse wieder da ist?« und er deutete auf die Überschrift, die die Genesung eines Mittelläufers ankündigte. Gnei las, faßte sich, und anstatt, wie er gewollt hätte, auszurufen: »Es geht um mehr als Boccadasse, es geht um mehr, mein Lieber!« begnügte er sich damit zu sagen: »... natürlich, natürlich ...«, und da er nicht wollte, daß eine Unterhaltung über das nächste Spiel die Fülle seiner Gedanken ablenkte, wandte er sich zur Kasse, wo sich inzwischen eine junge und enttäuscht aussehende Kassiererin niedergelassen hatte.

»Also«, sagte Gnei vertraulich, »ich zahle einen Kaffee und Gebäck.« Die Kassiererin gähnte. »Müde, am frühen Morgen?«, sagte Gnei. Die Kassiererin nickte, ohne zu lächeln. Gnei setzte die Miene eines Vertrauten auf: »Ah! Ah! Heute nacht haben Sie wenig geschlafen, was?« Er dachte einen Augenblick nach, dann, nachdem er sich davon überzeugt hatte, daß er jemanden vor sich hatte, der ihn verstehen würde, fügte er hinzu: »Auch ich muß noch zu Bett gehen.« Dann schwieg er, geheimnisvoll, diskret. Er zahlte, grüßte alle, trat hinaus. Er ging zum Barbier.

»Guten Tag, mein Herr, nehmen Sie Platz, mein Herr«, sagte der Barbier mit seiner professionellen Falsettstimme, die Enrico Gnei wie ein Zublinzeln vorkam.

»Oh je, oh je! Wird Zeit, daß der Bart herunter kommt!«, antwortete er mit skeptischem Entgegenkommen, während er sich im Spiegel betrachtete. Sein Gesicht erschien durch das um den Hals geknotete Handtuch wie ein Gegenstand für sich, und Anzeichen der Müdigkeit, die er jetzt nicht mehr mit seiner übrigen Haltung in Einklang bringen konnte, zeichneten sich darauf ab; es war jedoch immer noch ein durchaus normales Gesicht, etwa wie das eines Reisenden, der im Morgengrauen aus dem Zug gestiegen ist, oder wie das eines Spielers, der die Nacht bei den Karten verbracht hat; wenn es nicht – beobachtete Gnei wohlgefällig – wenn es nicht gelöst und nachsichtig gewesen wäre, wie das eines Mannes, der seinen Anteil genossen hat und auf das Schlimmste wie auf das Beste vorbereitet ist.

»An ganz andre Zärtlichkeiten«, schienen die Wangen Gneis dem Rasierpinsel zu sagen, der sie mit warmem Schaum umhüllte, »an ganz andre Zärtlichkeiten als deine sind wir gewöhnt!«

»Schabe nur, Messer«, schien seine Haut zu sagen, »du wirst nicht das abschaben, was ich gefühlt habe und was ich weiß!«

Es war für Gnei, als ob sich eine Unterhaltung voller Anspielungen zwischen ihm und dem Barbier angebahnt hätte, der indessen so schweigsam war wie er und eifrig mit seinen Gerätschaften hantierte. Der Barbier war jung und wenig gesprächig, mehr aus Mangel an Phantasie als aus angeborener Zurückhaltung; jedenfalls sagte er, als er ein Gespräch anknüpfen wollte: »Was für ein Jahr, was? Schönes Wetter, was? Der Frühling ...«

Die Bemerkung erreichte Gnei mitten in seiner imaginären Unterhaltung, und das Wort »Frühling« füllte sich mit tieferen Bedeutungen und Hintergedanken. »Aaah! Der Frühling ...«, sagte er, während ein wissendes Lächeln auf seinen eingeseiften Lippen stand. Und damit erschöpfte sich die Unterhaltung.

Aber Gnei fühlte das Bedürfnis zu sprechen, auszudrücken, mitzuteilen. Und der Barbier sagte einfach nichts mehr. Gnei war zwei- oder dreimal daran, den Mund zu öffnen, während der andere das Messer aufnahm, aber er fand keine Worte, und das Messer legte sich wieder auf Lippe oder Kinn.

»Was sagten Sie?« bemerkte der Barbier, der die Bewegung seiner Lippen gesehen hatte, ohne jedoch einen Laut zu vernehmen.

Und Gnei, mit all seiner Leidenschaft: »Am Sonntag spielt Boccadasse wieder in seiner Mannschaft!«

Er hatte es fast geschrien; die andern Kunden drehten ihre halb eingeseiften Gesichter nach ihm um; der Barbier blieb mit erhobenem Rasiermesser stehen.

»Ah, Sie sind für die . . .?«, sagte er ein wenig verlegen, »wissen Sie, ich gehöre zum . . .«, und er nannte die andere Mannschaft der Stadt.

»Oh, die . . .! Sonntag werdet ihr ein leichtes Spiel haben, das ist klar . . .« Aber seine Leidenschaft hatte sich schon gelegt.

Glatt rasiert verließ er den Laden. Die Stadt war belebt und voller Geräusche, in den Scheiben zuckten goldene Blitze, Wasser flog über den Springbrunnen, die Stromabnehmer der Straßenbahnen schleuderten Funken über die elektrischen Drähte. Gnei ging wie auf dem Kamm einer Welle, und in seinem Herzen wechselten Leidenschaft und Sehnsucht.

»Aber da ist ja Gnei!«

»Aber da ist ja Bardetta!«

Er war einem alten Schulkameraden begegnet, den er seit zehn Jahren nicht gesehn hatte. Sie sagten sich die üblichen Redensarten, wieviel Zeit vergangen sei und daß man sich nicht verändert habe. In Wirklichkeit war Bardetta grau geworden und der fuchsartige, ein wenig verderbte Ausdruck seines Gesichtes hatte sich verschärft. Gnei wußte, daß Bardetta Kaufmann war, sich aber irgend etwas hatte zuschulden kommen lassen und seit langer Zeit im Ausland lebte.

»Bist du immer noch in Paris?«

»Venezuela. Ich fahre gleich wieder zurück. Und du?«

»Immer noch hier«, und gegen seinen Willen begann er verlegen zu lächeln, als schämte er sich seines seßhaften Lebens, und gleichzeitig ärgerte er sich, weil es ihm nicht gelang, sofort durchblicken zu lassen, daß seine Existenz in Wahrheit die ausgefüllteste und zufriedenste war, die man sich denken konnte.

»Und hast du geheiratet?« fragte Bardetta.

Dies schien Gnei die Gelegenheit, den ersten Eindruck zu korrigieren. »Junggeselle!«, sagte er. »Immer noch Junggeselle, haha! Wir sind standhaft!« Das war's: Bardetta, ein Mann ohne Vorurteile, der im Begriff war, nach Amerika zurückzukehren, ohne Verbindungen mehr zu der Stadt und ihrem Klatsch, Bardetta war der ideale Mann, dem gegenüber Gnei seiner Euphorie freien Lauf lassen, der einzige, dem er sein Geheimnis anvertrauen konnte. Hier konnte er sogar ein wenig übertreiben und von dem Abenteuer jener Nacht sprechen wie von einer für ihn gewohnten Angelegenheit.

»So ist es«, insistierte er, »die alte Garde der Junggesellen, unsereins, nicht wahr?«, sagte er und wollte sich auf den Ruf des Schürzenjägers berufen, den Bardetta einst genoß.

Und schon überlegte er den Satz, mit dem er zum Thema käme, etwa wie: »Weißt du, gerade heute nacht zum Beispiel ...«

»Ja, ich, um die Wahrheit zu sagen«, meinte Bardetta mit einem leicht schüchternen Lächeln, »weißt du, ich bin mittlerweile Familienvater, ich habe vier Kinder ...«

Gnei steckte den Schlag ein, während er um sich herum die Atmosphäre einer völlig vorurteilslosen epikureischen Welt wieder aufzubauen suchte; er war ein wenig aus der Fassung geraten. Er betrachtete Bardetta genau;

erst jetzt bemerkte er sein faltiges Aussehen, seine schlechte Kleidung und seinen besorgten, müden Ausdruck. »Ah, vier Kinder ...«, sagte Gnei undurchsichtig, »Glückwunsch! Und wie geht's da unten?«

»Tja... Es gibt wenig zu tun... Überall dasselbe... Den Karren vorwärtsziehen... Die Familie ernähren...« Und er breitete die Arme aus mit der Geste eines Besiegten.

Gnei fühlte bei seiner instinktiven Bescheidenheit Mitleid und Gewissensbisse: wie hatte er daran denken können, mit dem eigenen Glück zu prahlen und damit einen so armseligen Mann wie diesen zu verletzen? »Oh, aber auch hier, wenn du wüßtest«, beeilte er sich zu sagen, indem er den Ton wechselte, »Tag für Tag muß der Karren vorwärts gezogen werden ...«

»Na ja, hoffen wir, daß es eines Tages besser geht ...«

»Ja, hoffen wir es ...«

Sie wünschten sich Glück, grüßten sich und gingen, der eine nach dieser, der andre nach der andern Seite. Sofort danach empfand Gnei Bedauern: die Möglichkeit, sich Bardetta anzuvertrauen, dem Bardetta, den er sich vorgestellt hatte, erschien ihm ein unermeßliches, für immer verlorenes Glück. Zwischen ihnen beiden – dachte Gnei – hätte sich eine Unterhaltung von Mann zu Mann entspinnen können, gutlaunig, ein wenig ironisch, ohne Exhibitionismus, ohne Prahlerei; der Freund hätte jetzt nach Amerika einige unvergeßliche Erinnerungen mitnehmen können; und Gnei sah sich undeutlich in den Gedanken jenes imaginären Bardetta projiziert, wenn sich dieser in seinem Venezuela an das alte Europa erinnern würde, – an das arme, aber dem Kult der Schönheit und des Genusses immer treue Europa; und Bardetta hätte instinktiv an ihn, seinen Schulkameraden, gedacht, den er nach so vielen Jahren immer noch mit dem gleichen vorsichtigen, wenn auch selbstsicheren Charakter wiedergetroffen hatte: der Mann, der sich nicht von Europa gelöst hatte und gleichsam die antike Lebensweisheit verkörperte, die gemäßigten Leidenschaften... Gnei begeisterte sich: auf diese Weise hätte das nächtliche Abenteuer eine Spur hinterlassen können, eine definitive Bedeutung erlangen, anstatt wie Sand in einem Meer von leeren und sich gleichbleibenden Tagen zu verschwinden.

Vielleicht hätte er doch mit Bardetta davon sprechen sollen, auch wenn Bardetta ein armer Kerl war, dem andre Gedanken durch den Kopf gingen, und er ihn vielleicht gedemütigt hätte. Und dann, wer bürgte ihm dafür, daß Bardetta wirklich gescheitert war? Vielleicht redete er nur so und war immer noch der alte Fuchs von einst... »Ich hole ihn ein«, dachte er, »fange die Unterhaltung wieder an und sage es ihm.« Er rannte den Bürgersteig entlang, bog in den Platz ein und suchte unter den Arkaden. Bardetta war verschwunden. Gnei schaute auf die Uhr; er war verspätet; er eilte zur Arbeit. Um sich zu beruhigen, dachte er, daß es seinem Charakter, seinen Gewohnheiten fremd sei, die eigenen Angelegenheiten wie ein kleiner Junge weiterzuerzählen, und daß er deshalb gezögert habe. In Frieden mit sich selbst und wieder bestärkt in seinem Stolz, stempelte er seine Karte in der Stechuhr des Büros.

Für seine Arbeit nährte Gnei die Leidenschaft, die wenn auch uneingestanden, das Herz der Angestellten entzündet, sobald sie wissen, mit welch heimlicher Süße, mit welch wütendem Fanatismus man auch die gewöhnlichste Büroarbeit verrichten kann, die Erledigung von gleichgültiger Korrespondenz, die pünktliche Führung eines Registers. Vielleicht hegte er an diesem Morgen die unbewußte Hoffnung, daß Liebeserregung und Büroleidenschaft sich vereinen und sich gegenseitig durchdringen könnten, um so weiter zu brennen, ohne zu verlöschen. Aber ein Blick auf den Schreibtisch, der gewohnte Anblick der grünlichen Mappe mit der Aufschrift ›schwebend‹ genügten, um ihn den scharfen Kontrast zwischen der schwindelerregenden Schönheit, von der er sich eben gelöst hatte, und seinem Alltag fühlen zu lassen.

Er ging mehrmals um den Schreibtisch herum, ohne sich zu setzen. Wieder war er von einer plötzlichen, dringlichen Verliebtheit in die schöne Frau ergriffen worden. Und er konnte keine Ruhe finden. Er trat in das benachbarte Büro ein, wo die Buchhalter aufmerksam und unzufrieden auf die Tasten schlugen.

Er schickte sich an, an jedem von ihnen vorbeizugehen und sie zu begrüßen, gewaltsam heiter, schmeichelnd, in seine Erinnerung verstrickt, ohne Hoffnung für den Augenblick, ein verliebter Tor unter den Buchhaltern. »So wie ich mich jetzt zwischen euch in euerm Büro bewege«, dachte er, »so habe ich mich noch eben zwischen ihren Kissen bewegt.« »Weiß Gott, Marinotti, so ist es!«, sagte er und schlug mit der Faust auf die Papiere eines Kollegen.

Marinotti hob die Brille und fragte langsam: »Sag mal, Gnei, haben sie dir auch diesen Monat viertausend Lire mehr vom Gehalt abgezogen?«

»Nein, mein Lieber, schon im Februar«, fing er an, und währenddessen erinnerte er sich an eine Bewegung der Signora, ganz zuletzt, in den Morgenstunden, die ihm wie eine Offenbarung erschienen war und ihm unendliche, unbekannte Möglichkeiten der Liebe eröffnet hatte, »nein, mir haben sie es schon abgezogen«, fuhr er mit schmeichelnder Stimme fort und bewegte sanft die halberhobene Hand vor sich in der Luft und streckte die Lippen vor, »mir haben sie die ganze Summe schon im Februar abgezogen, Marinotti.« Er hätte gern noch Einzelheiten und Erläuterungen hinzugefügt, nur um weiterzureden, aber er war nicht fähig dazu.

»Das ist das Geheimnis«, entschied er, als er in sein Büro zurückging: »daß jederzeit bei allem, was ich tue oder sage, alles Erlebte gegenwärtig ist.« Doch zernagte ihn die Angst, nie wieder das Gewesene erreichen und die Fülle, von der er gekostet hatte, niemals ausdrücken zu können, weder mit Anspielungen und noch weniger mit Worten und vielleicht noch nicht einmal in seinen Gedanken.

Das Telefon läutete. Es war der Direktor. Er fragte nach den Unterlagen zum Einspruch Giuseppieri.

»Sehen Sie, Herr Direktor«, erklärte Gnei am Telefon, »die Firma Giuseppieri hat am 6. März ...«, und er wollte sagen: »Und als sie langsam sagte: Sie gehen ...? verstand ich, daß ich ihre Hand nicht loslassen sollte ...«

»Ja, Herr Direktor, der Einspruch bezog sich auf schon bezahlte Waren ...«, und er glaubte zu sagen: »Bis die Tür sich nicht hinter uns schloß, zweifelte ich noch ...«

»Nein«, erklärte er, »der Einspruch ist nicht über die Agentur gegangen ...«, und meinte: »Da erst verstand ich, daß sie nicht kalt und stolz war, wie ich geglaubt hatte, sondern ganz anders ...«

Er legte den Hörer auf. Seine Stirn stand voller Schweißtropfen. Er fühlte sich müde jetzt, voller Schläfrigkeit. Es war falsch gewesen, nicht nach Hause zu gehn, um sich zu erfrischen und umzuziehen: auch die Kleider waren ihm lästig.

Er ging ans Fenster. Draußen lag ein großer Hof, umgeben von hohen Fenstern mit vielen Balkons, dennoch fühlte er sich wie in einer Wüste. Der Himmel, den man über den Dächern sah, war nicht mehr klar, sondern wie ausgeblichen, von einer undurchsichtigen Patina überzogen, so wie in Gneis Gedächtnis ein undurchsichtiger weißer Schleier jede Erinnerung an seine Gefühle auslöschte, und das Vorhandensein der Sonne erkannte man an einem verschwommenen, stillstehenden Lichtfleck, der war wie ein dumpf schmerzender Stich.

Abenteuer eines Lesers

Die Küstenstraße verlief hoch oben über dem Kap; das Meer lag ringsum in der Tiefe, bis hin zum verschwommenen Horizont. Auch die Sonne war überall, als wären Himmel und Meer zwei Linsen, die sie vergrößerten. Unten rauschte das ruhige Wasser ohne Gischt gegen die bizarren Einschnitte der Felsen. Amedeo Oliva stieg eine steile Treppe hinab und trug sein Fahrrad auf dem Rükken. An einer schattigen Stelle ließ er es zurück, nachdem er es mit dem Speichenschloß gesichert hatte. Dann schritt er weiter die Stufen hinunter zwischen Einsturzstellen aus gelber, trockener Erde und Agaven, die im Leeren hingen, und seine Augen suchten bereits nach der bequemsten Falte im Felsen, wo er sich hinlegen könnte. Er hatte ein zusammengerolltes Handtuch unter dem Arm, in das die Badehose und ein Buch eingewickelt waren.

Das Kap war ein einsamer Ort. Nur wenige Grüppchen Badender tummelten sich im Wasser oder nahmen ein Sonnenbad, voreinander verborgen in den schluchtähnlichen Einschnitten der Felsen. Zwischen zwei Blöcken, die ihn vor den Blicken schützten, kleidete Amedeo sich aus, zog die Badehose an und begann, von Klippe zu Klippe zu setzen. So überquerte er mit Sprüngen seiner mageren Beine die Hälfte des Felsenriffs, wobei er manchmal dicht über die Nasen der halb versteckten Paare hinwegflog, die auf Frottiertüchern lagen. Das Massiv aus Sandstein mit poröser, unebener Oberfläche war überschritten, nun kamen glatte Felsen mit stumpfen Umrissen; Amedeo streifte die Sandalen ab, nahm sie in die Hand und lief barfuß weiter, mit der schlafwandlerischen Sicherheit dessen, der ein geübtes Auge für die Entfernung von einer Klippe zur anderen und unempfindliche Fußsohlen hat. Er erreichte eine Stelle, die steil aus dem Wasser aufragte, über die Felswand führte in halber Höhe eine Art Sims. Dort hielt Amedeo an. Auf den flachen Vorsprung legte er seine Kleidungsstücke, ordentlich zusammengefaltet, und darüber, mit der Sohle nach oben, die Sandalen, damit nicht ein Windstoß alles fortriß – zwar wehte nur ein schwacher Lufthauch vom Meer, aber es war bei ihm wohl eine gewohnte Vorsichtsmaßnahme. Der kleine Beutel, den er bei sich hatte, war ein Gummikissen; er blies es auf, legte es hin und breitete anschließend, auf einer Fläche, die vom Felsrand leicht abfiel, das Handtuch aus. Er warf sich mit dem Rücken darauf, und sofort öffneten seine Hände das Buch beim Lesezeichen. So lag er nun ausgestreckt auf dem Felsen, in der prallen Sonne, die von überall strahlte, mit uneingefetteter Haut – er war braungebrannt, doch ungleichmäßig, wie einer, der sich der Sonnenbestrahlung ohne Methode aussetzt, gegen Verbrennungen jedoch gefeit ist; sein Kopf, mit einer weißen Leinenmütze bedeckt, die er angefeuchtet hatte – denn er war auf eine niedrige Klippe hinuntergestiegen, um die Mütze ins Wasser zu tauchen –, ruhte auf dem Gummikissen, und nur die Augen – unsichtbar hinter der dunklen Brille – verfolgten auf den weißen und schwarzen Zeilen das Pferd Fabrizio del Dongos. Unter ihm gähnte eine kleine Bucht mit blaugrünem Wasser, das fast bis auf den Grund durchscheinend war. Die Klippen waren je nach ihrer Lage kalkig weiß oder mit Algen bedeckt. Ein kleiner Strand voller Kieselsteine wand sich im Hintergrund. Amedeo hob hin und wieder den Blick, betrachtete die sich darbietende Aussicht, ein Flimmern im Wasser oder den schrägen Lauf eines Krebses; dann kehrte er voll innerer Sammlung zu der Seite zurück, auf der Raskolnikow die Stufen zählte, die ihn noch von der Tür der Alten trennten, oder auf der

Lucien de Rubempré die Türme und die Dächer der Conciergerie anschaute, bevor er den Kopf in die Schlinge steckte.

Seit einiger Zeit neigte Amedeo dazu, seine Teilnahme am aktiven Leben auf ein Minimum zu beschränken. Nicht, daß er die Tat an sich nicht liebte, im Gegenteil, sein ganzer Charakter und auch sein Geschmack waren von der Liebe zum Handeln bestimmt; trotzdem verringerte sich von Jahr zu Jahr sein Tatendrang, er wurde immer schwächer, bis sich Amedeo schließlich selbst fragte, ob er tatsächlich jemals von einer solchen Manie besessen gewesen sein konnte. Das Interesse an rühriger Aktivität lebte jedoch weiter in seinem Vergnügen, das er beim Lesen empfand; seine Passion waren Tatsachenerzählungen, die Geschichten, die Verwicklungen menschlicher Schicksale. Vor allem also Romane aus dem neunzehnten Jahrhundert, aber auch Memoiren und Biographien, und so weiter und so fort, bis hin zu den Kriminalschmökern und den utopischen Romanen, die er keineswegs verschmähte, die ihn jedoch weniger befriedigten, schon weil es dünnere Bände waren. Amedeo liebte die dicken Bände, und wenn er sie in Angriff nahm, dann tat er es mit dem physischen Vergnügen, mit dem man an eine schwere Arbeit geht. Sie in der Hand wägen, ihre Dichte, ihren Umfang, ihr Format genießerisch in Augenschein nehmen, ein wenig beklommen die Seitenzahl und die Länge der Kapitel abschätzen; dann hineinsteigen, ein wenig widerstrebend am Anfang, ohne den Willen, die erste Mühe zu überwinden, die erforderlich ist, um sich die Namen zu merken und den roten Faden der Handlung zu erfassen; dann, Vertrauen schöpfend, die Zeilen durcheilen, das Flechtwerk der einförmigen Seite bewältigen – und da erschien hinter den Bleilettern auch schon der Rauch und das Feuer der Schlacht, die Kugel, die durch die Luft pfiff und vor den Füßen des Fürsten Andrei einschlug, und da auch der Laden, vollgestopft mit Stichen und Skulpturen, und mit Herzklopfen machte Frédéric Moreau seinen ersten Besuch bei den Arnoux. Hinter der Oberfläche der Buchseite betrat man eine Welt, in der das Leben intensiver war als hier, auf dieser Seite: wie bei der Oberfläche des Meeres, die uns von jener blauen und grünen Welt trennt – Risse, so weit das Auge sehen kann, endlose Bereiche aus feinem, welligem Sand, Wesen, die halb Tier, halb Pflanze sind.

Die Sonne stach, die Klippe war glühend heiß, und bald fühlte Amedeo sich eins mit der Klippe. Er war am Ende des Kapitels angelangt, klappte das Buch zu, wobei er die Werbebeilage als Lesezeichen benutzte, setzte Leinenmütze und Brille ab, richtete sich halbbenommen auf und lief in langen Sätzen bis an den äußersten Rand des Felsens, wo zu jeder Tageszeit Kinder ins Wasser sprangen und wieder heraufkletterten. Amedeo baute sich auf einer Stufe auf, die senkrecht über dem Meer hing, keineswegs hoch, nur wenige Meter über dem Wasser, musterte mit noch geblendeten Augen die flimmernde Transparenz unter sich und stürzte sich dann resolut hinein. Sein Sprung war stets der gleiche, ein Hechtsprung, ziemlich korrekt, doch zeichnete er sich durch eine gewisse Steifheit aus. Der Übergang von der sonnenheißen Luft in das warme Wasser wäre kaum zu spüren, wenn er nicht so plötzlich gewesen wäre. Amedeo tauchte nicht gleich wieder auf, er liebte es, unter Wasser zu schwimmen, tief unten, mit dem Bauch beinahe am Grund, solange der Atem reichte. Er fand Gefallen an physischer Anstrengung, an schwierigen Aufgaben; deshalb kam er auf das Kap, um sein Buch zu lesen, und bewältigte den Aufstieg mit dem Fahrrad, wobei er wie wild in der mittäglichen Sonne die Pedale trat. Wenn er unter Wasser schwamm, dann suchte er jedesmal eine Klippenwand zu erreichen, die an einer bestimmten Stelle aus dem Sand des Meeresgrundes aufragte und mit einem dichten Seegrasflor bedeckt war. Er tauchte zwischen diesen Riffen auf, schwamm eine Weile im Kreise und begann methodisch zu kraulen, verbrauchte dabei jedoch unnötig viel Kraft; bald war er es müde, mit dem Gewicht unter Wasser wie ein Blinder umherzurudern, und ging zu einem freieren Armschlag über, zum Kraul; die bessere Sicht verschaffte ihm mehr Befriedigung als die Bewegung, und kurz darauf begann er auf dem Rücken zu schwimmen, immer weniger gleichmäßig, mit immer längeren Pausen zwischen den Bewegungen, bis er schließlich ganz still hielt. So wälzte und drehte er sich in diesem uferlosen Bett, einmal setzte er sich das Ziel, eine Insel zu erreichen, ein andermal eine bestimmte Anzahl von Armschlägen auszuführen, und er fand keine Ruhe, bevor er diese Aufgabe erledigt hatte; eine Weile verharrte er träge, wandte sich wieder dem offenen Meer zu, von dem Wunsch beseelt, nichts weiter um sich zu haben als den Himmel und das Wasser, näherte sich dann den Riffen, die rings um das Kap verstreut waren, damit ihm ja keine der möglichen Schwimmrouten dieses kleinen Archipelagos entging. Doch als er so schwamm, merkte er, daß die Neugier, die jetzt in ihm die Oberhand gewann, jene war, zu erfahren, wie es – nehmen wir an – mit der Geschichte von Albertine weiterging. Würde Marcel sie wiederfinden? Er schwamm mit Ungestüm, oder aber er ließ sich treiben, doch sein Herz war zwischen den Seiten des Buches, das er am Strand zurückgelassen hatte. Nun war er mit kraftvollen, raschen Stößen an seiner Klippe angelangt, suchte die Stelle, an der er sich hinaufschwingen konnte, und da war er auch schon, fast ohne es zu merken, oben und rieb sich mit dem Frottierhandtuch den Rücken ab. Er setzte sich wieder die Leinenmütze auf den Kopf, legte sich in die Sonne und begann ein neues Kapitel zu lesen.

Er war kein hastiger, gieriger Leser. Er hatte ein Alter erreicht, in dem es mehr Vergnügen bereitet, ein Buch zum zweiten-, dritten- oder viertenmal zu lesen als zum erstenmal. Und doch hatte er noch viele Kontinente zu entdecken. Jeden Sommer kostete ihn das Packen des schweren Bücherkoffers vor der Abreise an die See die größte Mühe: Seinen Interessen und den Unterhaltungen gemäß, die er in den Monaten des Stadtlebens hatte, wählte Amedeo jedes Jahr bestimmte berühmte Bücher zu neuerlicher Lektüre aus und gewisse Autoren, die er zum erstenmal lesen wollte. Und hier auf der Klippe verdaute er sie, verweilte sinnend über den Sätzen, blickte häufig von dem Buch auf, um zu überlegen, um die Gedanken zu sammeln. Plötzlich, als er wieder einmal aufschaute, bemerkte er, daß sich auf dem kleinen steinigen Strand unten an der Bucht eine Frau niedergelassen hatte.

Sie war braungebrannt, hager, nicht mehr jung, auch nicht besonders hübsch, aber es wirkte vorteilhaft, daß sie nackt war – sie hatte einen knapp sitzenden Bikini an, der an den Rändern obendrein umgeschlagen war, um soviel Sonne wie nur möglich heranzulassen –, und Amedeos Auge fühlte sich davon angezogen. Er merkte, daß er beim Lesen immer häufiger von dem Buch aufsah und in die Luft schaute, und diese Luft war eben jene, die sich zwischen ihm und der Frau befand. Ihr Gesicht – sie lag schräg am Ufer, auf einer Luftmatratze, und Amedeo sah bei jedem Aufzucken der Pupillen die nicht überaus üppigen, aber ebenmäßigen Beine, den wundervoll glatten Bauch, die Brust, die zwar spärlich war, aber nicht unangenehm spärlich, sondern wahrscheinlich nur ein wenig verblüht, auf den Schultern etwas zuviel Knochen, ebenso am Hals und an den Armen, und das Gesicht maskiert durch eine schwarze Brille und durch die Krempe des Strohhuts – ihr Gesicht also war leicht gezeichnet, lebhaft, wissend und ironisch. Amedeo versuchte, ihren Typ einzuordnen: die unabhängige Frau, allein in der Sommerfrische, die den einsamen Felsenstrand den überlaufenen Anlagen vorzieht und sich mit dem größten

Vergnügen von der Sonne schwarzbrennen läßt; er schätzte den Teil an träger Sensualität und chronischem Unbefriedigtsein in ihr ab, dachte flüchtig an die Möglichkeiten, die er für ein Abenteuer mit raschem Erfolg verhieß, verglich dies mit der Aussicht auf eine konventionelle Unterhaltung, ein Abendprogramm, erwog die Verpflegungsschwierigkeiten, die sich wahrscheinlich ergeben würden, die anstrengende Aufmerksamkeit, die eine neue Bekanntschaft immer erforderte, selbst wenn man sie nur oberflächlich schloß, und er begann weiterzulesen, überzeugt, daß diese Frau ihn wirklich nicht interessieren konnte.

Er hatte wohl schon zu lange an dieser Stelle des Felsens gelegen, oder aber jene hastigen Gedanken hatten in ihm eine Spur von Unruhe hinterlassen, jedenfalls fühlte er sich unbehaglich; die Unebenheiten der Klippe unter dem Handtuch, auf dem er sich ausgestreckt hatte, fingen an, ihm lästig zu werden. Er stand auf, um sich einen anderen Platz zu suchen. Einen Augenblick lang schwankte er zwischen zwei Stellen, die ihm gleichermaßen bequem schienen: einer, die weiter entfernt war von dem Strand, an dem sich die braune Signora sonnte – sogar hinter einem Felsvorsprung versteckt, der ihm völlig die Sicht nahm –, und einer anderen, die dichter daran war. Der Gedanke, näher heranzukommen, vielleicht durch einen unvorhergesehenen Umstand in ein Gespräch verwickelt zu werden und so die Lektüre unterbrechen zu müssen, ließ ihn sich sofort für den ersten Platz entscheiden; aber dann überlegte er, daß es wirklich so scheinen würde, als wollte er weglaufen, kaum daß diese Signora aufgetaucht war, und das könnte vielleicht als Unhöflichkeit gewertet werden. Er wählte also den zweiten Platz; schließlich fesselte ihn die Lektüre ja so sehr, daß es gar nicht sicher war, ob der Anblick dieser Frau – die übrigens nicht einmal besonders hübsch wirkte – ihn ablenken könnte. Er legte sich auf die Seite und hielt das Buch so, daß die Sicht zu ihr hin verdeckt war, aber es ermüdete ihn, den Arm ständig in dieser Höhe zu halten, und so ließ er ihn sinken. Jetzt stieß sein Blick, der die Zeilen entlanghuschte, sobald er vorn beginnen mußte, gleich hinter dem Seitenrand auf die Beine der einsamen Sommerfrischlerin. Auch sie hatte ihre Lage ein wenig verändert, um es sich bequem zu machen, und daß sie die Knie angehoben und die Beine gerade in Amedeos Richtung übereinandergeschlagen hatte, erlaubte ihm, gewisse Proportionen ihres Körpers, die keineswegs unerfreulich waren, genauer zu betrachten. Kurz, Amedeo hätte, obwohl eine Felsenklinge ihm in die Hüfte schnitt, keine bessere Position finden können. Das Vergnügen, das er beim Anblick der sonnengebräunten Signora empfand – ein Vergnügen am Rande gewissermaßen, aber durchaus nicht zu verachten, und man konnte es genießen, ohne dabei die geringste Mühe aufwenden zu müssen –, beeinträchtigte nicht das Vergnügen an der Lektüre, sondern ordnete sich ein in deren normalen Ablauf, so daß er jetzt sicher sein durfte, weiterlesen zu können, ohne die Versuchung, den Blick abzulenken.

Alles war still, ungehindert floß der Strom der Lektüre, dem die unbewegliche Landschaft als Rahmen diente, und die Signora war ein unerläßlicher Teil dieser Landschaft geworden. Amedeo hatte natürlich nur das eigene Vermögen, sich lange Zeit völlig reglos zu verhalten, in Betracht gezogen, nicht aber die Unruhe der Frau, die sich nun erhob und zwischen den Steinen hindurch ans Wasser ging. Sie war aufgestanden – so schloß Amedeo sofort –, um sich eine große Qualle von nahem anzusehen, die eine Schar Knaben mit Rohrstöcken ans Ufer hob. Die braungebrannte Signora beugte sich über die Qualle und fragte die Jungen aus; ihre Beine staken in Holzsandaletten mit sehr hohen Absätzen, die für die Klippen wohl wenig geeignet waren; ihr Körper war, so wie ihn Amedeo jetzt sah – von hinten betrachtet – der einer viel hübscheren und viel jüngeren Frau, als es vorher den Anschein hatte. Er überlegte, daß ihre Unterhaltung mit den Fischerjungen einem Mann, der auf ein Abenteuer ausging, eine »klassische« Gelegenheit bot: herantreten, selbst ein paar Worte über den Quallenfang zum besten geben und so ein Gespräch anknüpfen. Gerade das, was er um nichts in der Welt tun würde! fügte er im stillen hinzu und vertiefte sich wieder in seine Lektüre. Gewiß, diese Verhaltensnorm hinderte ihn auch, eine natürliche Neugier bezüglich der Qualle zu befriedigen, die offenbar von ungewöhnlichem Umfang war und auch eine eigenartige Farbnuance zwischen Rosa und Lila aufwies. Dieses Interesse für Meerestiere war bei ihm keineswegs abwegig, es hing mit seiner Leseleidenschaft zusammen. In diesem Augenblick nun wurde seine Aufmerksamkeit für die Seite, die er las – einen langen, beschreibenden Absatz –, schwächer, kurz, es war widersinnig, daß er sich, allein wegen der Gefahr, ein Gespräch mit der Sommerfrischlerin anzuknüpfen, auch solch spontaner und durchaus gerechtfertigter Impulse begab wie der Zerstreuung, ein paar Minuten lang eine Qualle von nahem zu betrachten. Er schlug das Buch beim Lesezeichen zu und erhob sich. Sein Entschluß hätte nicht stürmischer gefaßt werden können, denn gerade in diesem Moment trennte sich die Dame von den Jungen und schickte sich an, auf ihre Luftmatratze zurückzukehren. Amedeo bemerkte dies, während er näher kam, und es drängte ihn, sofort etwas zu sagen. Er rief den Jungen also zu: »Vorsicht! Sie kann gefährlich werden!«

Die Jungen, die rings um das Tier hockten, blickten nicht einmal auf, sie bemühten sich noch immer, die Qualle mit den Rohrstöcken, die sie in den Händen hielten, anzuheben und umzudrehen. Die Signora aber wandte sich lebhaft um und ging wieder dem Ufer zu mit einer halb fragenden, halb entsetzten Miene: »Uh, wie schrecklich! Beißt sie?«

»Wenn man sie berührt, verbrennt sie die Haut«, erläuterte er und merkte, daß er nicht auf die Qualle, sondern auf die Sommerfrischlerin zuschritt, die sich wer weiß weshalb die Brust in einem unnötigen Schaudern mit den Armen bedeckte und die Qualle, dann wieder Amedeo verstohlen anblickte. Er beruhigte sie, und so hatten sie, wie vorauszusehen war, ein Gespräch angeknüpft; aber das tat nichts, Amedeo würde ja sofort zu seinem Buch zurückkehren, das auf ihn wartete; er wollte nur einen Blick auf die Qualle werfen, deshalb veranlaßte er die braungebrannte Signora, wieder in den Kreis der Knaben zu treten. Jetzt schaute sie angewidert zu, die Fingerknöchel an den Zähnen, und plötzlich, als sie so Seite an Seite standen, berührten sich ihre Arme und zögerten eine Weile, bevor sie sich voneinander lösten. Amedeo begann darauf, über Quallen zu dozieren. Seine Kenntnisse in dieser Materie reichten zwar nicht weit, doch er hatte einige Bücher bekannter Sportfischer und Unterwasserforscher gelesen, so daß er unter Umgehung der niederen Fauna gleich auf den berühmten Teufelsrochen zu sprechen kam. Die Sommerfrischlerin hörte ihm gespannt zu und redete dann und wann dazwischen, aber immer etwas Unpassendes, wie das bei Frauen so ist. »Sehen Sie die rote Stelle, die ich am Arm habe? Es wird doch nicht etwa eine Qualle gewesen sein?« Amedeo tastete die Stelle dicht über dem Ellenbogen ab und verneinte. Die leichte Rötung rührte daher, daß sich die Signora beim Liegen darauf gestützt hatte.

Damit war alles zu Ende. Sie verabschiedeten sich, sie kehrte auf ihren Platz zurück, er auf den seinen, und er begann wieder zu lesen. Es war ein Intermezzo gewesen, das gerade die richtige Dauer gehabt hatte, nicht zu kurz und nicht zu lang, eine nicht unangenehme Kontaktaufnahme – die Signora war freundlich, zurückhaltend und gelehrig gewesen –, eben weil sie nur andeutungsweise war. Jetzt fand er in seinem Buch eine weit umfassendere und konkretere Beziehung zur Wirklichkeit, wo alles seinen Sinn, seine Wichtigkeit, seinen Rhythmus hatte. Amedeo fühlte sich in einer glänzenden Verfassung: Das bedruckte Papier öffnete ihm das wahre Leben, ein tiefgründiges Leben voller Leidenschaften, und wenn er aufschaute, dann fand er ein zwar zufälliges, aber fürs Auge wohltuendes Zusammenklingen von Farben und Empfindungen, eine periphere und dekorative Welt, die ihn zu nichts verpflichtete. Die braungebrannte Signora lächelte ihn von ihrer Matratze her an und winkte ihm zu, er antwortete mit einem Lächeln und einem Nicken und senkte wieder den Blick. Die Signora hatte jedoch etwas gesagt.

»Wie bitte?«

»Sie lesen wohl immer?«

»Nun...«

»Ist das so interessant?«

»Ja.«

»Dann viel Spaß!«

»Danke.«

Er durfte die Augen nicht mehr heben, zumindest nicht vor dem Kapitelende. Er las es in einem Atemzug. Die Signora hatte jetzt eine Zigarette im Mund und gab ihm Zeichen, auf die Zigarette deutend. Amedeo hatte den Eindruck, daß sie schon seit einer Weile bemüht war, seine Aufmerksamkeit auf sich zu lenken. »Wie bitte?«

»... Streichhölzer...«

»Leider nein, ich rauche nicht.«

Das Kapitel war zu Ende, Amedeo überflog die ersten Zeilen des nächsten, die er außerordentlich anregend fand; aber damit er das neue Kapitel unbehelligt beginnen konnte, mußte so rasch wie möglich die Streichholzfrage geklärt werden. »Einen Moment!« Er stand auf und begann, halb betäubt von der Sonne, von einer Klippe zur anderen zu springen, bis er schließlich ein paar Leute fand, die rauchten. Er ließ sich eine Schachtel »Minerva«

geben, eilte zu der Signora, zündete ihr die Zigarette an, lief zurück, um die Schachtel abzugeben, hörte die freundliche Aufforderung: »Behalten Sie sie nur«, eilte wieder zu der Signora, um ihr die Streichhölzer zu überlassen, sie bedankte sich, er zögerte einen Augenblick, um etwas zum Abschied zu sagen, doch da begriff er, daß er nach diesem Zaudern etwas anderes sagen mußte, und er fragte: »Sie baden nicht?«

»Bald«, entgegnete die Signora. »Und Sie?«

»Ich war schon im Wasser.«

»Sie springen nicht noch einmal hinein?«

»Doch, ich lese noch ein Kapitel, dann schwimme ich wieder ein bißchen.«

»Ich auch, ich rauche nur die Zigarette zu Ende, dann springe ich ins Wasser.«

»Also bis nachher.«

»Bis nachher.«

Diese Art Verabredung verlieh Amedeo eine Ruhe, die er – das wurde ihm jetzt erst bewußt – nicht mehr kannte, seit er die einsame Sommerfrischlerin bemerkt hatte. Jetzt lastete nicht länger die Pflicht auf ihm, mit der Signora einen Kontakt aufrechterhalten zu müssen; alles wurde auf den Augenblick des Badens verschoben – gebadet hätte er auch, wenn die Signora nicht dagewesen wäre –, und so konnte er sich jetzt ohne Hemmungen den Freuden der Lektüre widmen. Und das tat er in einem Maße, daß er gar nicht merkte, wie sich plötzlich – er war längst nicht am Ende des Kapitels angelangt – die Sommerfrischlerin, nachdem sie die Zigarette aufgeraucht hatte, erhob und sich ihm näherte, um ihn zum Schwimmen aufzufordern. Er erblickte die Holzsandaletten und die schlanken Beine dicht über dem Buch, schaute auf, ließ, von der Sonne geblendet, die Augen wieder auf das Buch sinken und las in aller Eile ein paar Zeilen, blickte von neuem auf und hörte sie sagen: »Platzt Ihnen nicht bald der Kopf? Ich springe ins Wasser!« Es war zwar schön, so weiterzulesen und dabei ab und zu aufzuschauen, aber da Amedeo nun nicht länger säumen durfte, tat er etwas, was ihm sonst nie unterlief: Er überging fast eine halbe Seite, bis zum Kapitelende, das er sehr aufmerksam las. Dann erhob er sich. »Also los! Springen Sie von der Spitze?«

Obwohl die Signora viel von Springen geredet hatte, stieg sie vorsichtig von einer Stufe in Höhe des Wasserspiegels ins Meer. Amedeo stürzte sich von einem Felsen herab, und zwar aus größerer Höhe als üblich. Es war um die Stunde, da sich die Sonne langsam dem Horizont zuneigte. Das Meer schien vergoldet. Sie schwammen in diesem Gold in einigem Abstand voneinander. Amedeo tauchte dann und wann und machte sich einen Spaß daraus, die Signora dadurch zu erschrecken, daß er unter ihr hindurchschwamm. Sagen wir, er gönnte sich den Spaß. Im Grunde freilich war es kindisch, aber was sollte er auch tun? Das Baden zu zweit war ein klein wenig langweiliger als sonst; gleichviel, der Unterschied war nur gering. Außerhalb der Goldreflexe verdüsterte das Wasser sein azurnes Blau, als breitete sich vom Grunde her eine tintenähnliche Finsternis aus. Es war zwecklos, nichts kam der Würze des Lebens gleich, die in den Büchern ist. Amedeo stieg über einige aus dem Wasser ragende Riffe hinweg und führte sie, die sich ängstlich gab; er hatte, um ihr auf eine kleine Insel hinaufzuhelfen, sogar ihre Hüften und ihre Brust angefaßt, aber seine Hände waren dadurch, daß er so lange im Wasser gewesen war, fast unempfindlich geworden und hatten weiße, geriffelte Fingerkuppen bekommen. Immer häufiger blickte er zu der Stelle hinüber, wo der bunte Buchumschlag leuchtete. Es war keine andere Geschichte, keine andere Erwartung möglich außer jener, die er zwischen den Seiten, dort, wo das Lesezeichen lag, unterbrochen hatte; alles andere war nur ein leeres Intervall.

Trotzdem schuf die Rückkehr ans Ufer, die gegenseitige Hilfe beim Hinaufklettern und beim Abtrocknen letztlich eine gewisse Vertraulichkeit, so daß Amedeo glaubte, es sei unhöflich, wenn er jetzt auf seinen alten Platz zurückkehrte. »Ach«, sagte er, »ich werde hier weiterlesen, ich hole nur mein Buch und das Kissen.« Weiterlesen, hatte er gesagt, um kein Mißverständnis aufkommen zu lassen. Und sie: »Ja, recht so, ich werde eine Zigarette rauchen, und dann lese ich ein bißchen in der ›Annabella‹.« Sie hatte eine Frauenillustrierte bei sich, und so konnten nun beide lesen, jeder für sich. Ihre Stimme erreichte ihn wie ein kalter Tropfen auf den Nacken, aber sie sagte nur: »Warum liegen Sie auf dem harten Stein? Kommen Sie auf die Matratze, ich rücke ein Stück zur Seite.« Der Vorschlag war liebenswürdig, auf der Matratze war es gemütlich, und Amedeo akzeptierte das Angebot bereitwillig. Sie lagen nun beide dort, er in der einen Richtung, sie in der anderen. Sie redete nicht mehr, sondern blätterte die bebilderten Seiten durch, und Amedeo konnte sich ganz in seine Lektüre vertiefen. Die Sonne schien nicht untergehen zu wollen, das Licht und die Wärme nahmen nicht ab, sie wirkten nur leicht gedämpft. Amedeo war in seinem Roman bereits dort angelangt, wo die größten Geheimnisse der Gestalten und des Milieus enthüllt sind und man sich in einer vertrauten Welt bewegt, in der sich eine gewisse Parität zwischen Autor und Leser, eine Vertraulichkeit herausgebildet hat und man nun gemeinsam weiterschreitet und nie aufhören möchte.

Auf der Gummimatratze konnte man auch jene kleinen Bewegungen ausführen, deren die Arme und Beine bedürfen, um nicht steif zu werden, und wie zufällig kam dabei eins seiner Beine mit einem ihrer Beine in Berührung. Ihm mißfiel das nicht, er rührte sich nicht; ihr wohl ebenfalls nicht, denn auch sie regte sich nicht. Die Süße des Kontaktes summierte sich zu der Lektüre und machte sie, was Amedeo betraf, noch vollkommener; doch sicherlich empfand die Sommerfrischlerin etwas anderes, denn sie stand auf, setzte sich hin und sagte: »Aber ...«

Amedeo war gezwungen, den Kopf vom Buch zu heben. Die Frau schaute ihn an, und in ihren Augen war Bitternis.

»Fehlt Ihnen etwas?« erkundigte er sich.

»Aber bekommen Sie denn das Lesen nie über?« fragte die Frau. »Man kann nicht behaupten, daß Sie ein geselliger Mensch sind! Wissen Sie nicht, daß man mit Damen Konversation pflegen muß?« fügte sie mit einem schwachen Lächeln hinzu, das vielleicht nur ironisch sein sollte, das aber Amedeo, der in diesem Moment alles gegeben hätte, um sich nicht von dem Roman trennen zu müssen, geradezu drohend schien. Wie konnte ich mich bloß hierherlegen! dachte er. Jetzt war ihm klar, daß er mit dieser Frau an seiner Seite nicht eine einzige Zeile mehr lesen würde.

Ich müßte ihr zu verstehen geben, daß sie sich geirrt hat, dachte er, daß ich mich am wenigsten eigne, den Strandgalan zu spielen, daß ich ein Typ bin, dem man sich lieber gar nicht anvertraut. »Konversation?« fragte er laut. »Was für eine Konversation?« Und er streckte die Hand nach ihr aus. »Sehen Sie, wenn ich Ihnen jetzt mit den Händen auf den Leib rücke, dann werden Sie sich gewiß durch eine so unpassende Bewegung beleidigt fühlen, Sie werden mich vielleicht sogar ohrfeigen und sich dann entfernen.« War es nun seiner natürlichen Zurückhaltung zuzuschreiben oder einer anderen Art Flirt, viel zärtlicher, der Art nämlich, die er in Wirklichkeit wollte – jedenfalls fiel die Liebkosung, anstatt brutal und herausfordernd zu sein, scheu, melancholisch, fast flehend aus: Er berührte ihren Hals mit den Fingern, hob die Halskette, die sie angelegt hatte, hoch und ließ sie wieder sinken. Die Antwort der Frau bestand in einer zunächst langsamen, gleichsam resignierten und ein wenig ironischen Bewegung – sie drückte das Kinn seitlich an, um seine Hand festzuhalten –, dann in einer schnellen, einem berechneten, aggressiven Zuschnappen: Sie biß ihn in den Handrücken.

»Au!« schrie Amedeo. Sie fuhren auseinander.

»So machen Sie also Konversation?« fragte die Signora.

»Nun«, erwiderte Amedeo rasch, »diese Art, Konversation zu machen, gefällt Ihnen nicht, folglich unterbleibt jede Konversation, und ich lese weiter.« Und schon hatte er sich auf einen neuen Absatz gestürzt. Aber er versuchte, sich selbst zu betrügen. Er hatte sehr wohl begriffen, daß man schon zu weit gegangen war, daß zwischen ihm und der braungebrannten Signora eine Spannung entstanden war, die nicht mehr zu unterbrechen war; er begriff auch, daß er der erste war, der sie nicht abbrechen wollte, zumal es ihm ja doch nicht gelingen würde, zu der alleinigen Spannung der Lektüre zurückzukehren, die ganz auf innere Sammlung abgestimmt war. Er konnte indes versuchen, es so einzurichten, daß diese äußere Spannung sozusagen parallel zu der andren verlief, daß er also weder auf die Signora noch auf das Buch zu verzichten brauchte.

Da sich die Signora mit dem Rücken an eine Klippe gelehnt hatte, setzte er sich neben sie und legte ihr einen Arm um die Schultern, während er das Buch auf den Knien hielt. Er wandte sich ihr zu und küßte sie. Sie lösten sich und küßten sich von neuem. Dann senkte er den Kopf und begann wieder zu lesen.

Solange es möglich war, wollte er in der Lektüre fortfahren. Er fürchtete, es könnte ihm nicht gelingen, das Buch durchzulesen. Der Anfang eines Verhältnisses an der See konnte sehr wohl das Ende seiner einsamen, stillen Stunden bedeuten, einen grundverschiedenen Rhythmus, der sich seiner Ferientage bemächtigen würde! Man weiß ja: Hat man sich erst einmal ganz in ein Buch hineingelebt, dann ist, wenn man die Lektüre unterbrechen muß und erst einige Zeit später wiederaufnimmt, der größte Teil der Freude verloren; viele Einzelheiten sind vergessen, und es gelingt nicht, sich ebensogut wie zuvor hineinzuversetzen.

Die Sonne ging allmählich hinter dem nächsten Vorgebirge unter, dann hinter dem folgenden und hinter dem, das danach kam, und ließ sie im Gegenlicht ohne Farben zurück. Die Badelustigen waren aus den Schluchten des Kaps verschwunden. Sie waren jetzt allein. Amedeo umspannte die Schultern der Sommerfrischlerin mit einem Arm, las, küßte sie auf den Hals und auf die Ohren – was ihr, wie er festzustellen glaubte, gefiel –, und wenn sie sich ihm zuwandte, küßte er sie auf den Mund; dann las er weiter. Vielleicht hatte er diesmal wirklich das ideale Gleichgewicht gefunden: Er hätte so noch ein ganzes Hundert Seiten lesen mögen. Aber wieder war sie es, die die Situation zu ändern versuchte. Sie begann sich steif zu machen, ihn zurückzudrängen und sagte schließlich: »Es ist spät. Gehen wir. Ich ziehe mich an.«

Dieser plötzliche Entschluß eröffnete ganz andere Perspektiven. Amedeo wirkte ein wenig hilflos, aber er erwog nicht lange das Für und Wider. Er war am Höhepunkt des Buches angelangt, und ihr Satz: »Ich ziehe mich an« hatte sich, kaum vernommen, in seinem Kopf in einen anderen verwandelt: Während sie sich anzieht, habe ich noch etwas Zeit, ein paar Seiten ungestört zu lesen.

Sie aber forderte ihn auf: »Halte bitte das Handtuch hoch« – sie duzte ihn jetzt vielleicht zum erstenmal –, »damit mich keiner sieht.« Die Vorsicht war überflüssig, denn der Felsenstrand war menschenleer, aber Amedeo tat ihr gern den Gefallen, zumal er das Handtuch im Sitzen halten und in dem Buch weiterlesen konnte, das auf seinen Knien lag.

Die Signora hatte hinter dem Handtuch den Büstenhalter abgelegt, ohne sich darum zu kümmern, ob er es sah oder nicht sah. Amedeo wußte nicht, sollte er sie anschauen und tun, als läse er, oder sollte er lesen, während er so tat, als schaute er zu. Ihn reizte das eine wie das andere, doch er hielt es für indiskret, sie anzustarren; las er aber weiter, dann wirkte er gewiß allzu gleichgültig. Die Signora wandte nicht die übliche Methode der Badenden an, die sich im Freien ankleiden, indem sie sich zuerst die Sachen überstreifen und dann den Badeanzug darunter ausziehen; nein, jetzt, da sie mit entblößter Brust dasaß, zog sie auch noch den Slip aus. In diesem Moment wandte sie ihm zum erstenmal ihr Gesicht zu – es war ein trauriges Gesicht, mit einer Falte der Bitternis am Mund –, und sie schüttelte den Kopf, sie schüttelte den Kopf und blickte ihn an.

Da es doch geschehen muß, soll es gleich geschehen! dachte Amedeo und warf sich mit dem Buch in der Hand, einen Finger zwischen den Seiten, nach vorn; aber was er in ihrem Blick las – Tadel, Mitleid, Niedergeschlagenheit, als wollte sie zu ihm sagen: »Dummer, wir machen das, wenn uns nichts anderes übrigbleibt, aber auch du begreifst nichts, wie die anderen Männer!« –, das heißt, das, was er nicht las, denn er verstand nicht, in den Augen zu lesen, sondern was er verschwommen merkte, rief in ihm einen solchen Gefühlsüberschwang für diese Frau hervor, daß er, während er sie umarmte und mit ihr auf die Gummimatratze fiel, kaum den Kopf nach dem Buch wandte, um zu sehen, ob es vielleicht im Meer gelandet war.

Aber es lag dicht neben der Matratze, aufgeschlagen, nur ein paar Seiten waren umgeblättert, und Amedeo, obzwar noch immer im Feuer der Umarmung, suchte eine Hand freizubekommen, um das Lesezeichen an die richtige Stelle zu schieben. Nichts ist nämlich ärgerlicher, als wenn man lesen will und dann erst blättern muß, ohne den Faden finden zu können.

Die Liebesharmonie war vollkommen. Sie hätte zwar

etwas länger hinausgezögert werden können; aber war nicht alles blitzartig gewesen bei dieser Begegnung?

Es wurde dunkel. Unten endeten die Felsen, schräg abgleitend, in einer kleinen Bucht. Sie war jetzt dort hinuntergegangen und stand im Wasser. »Komm her, laß uns noch einmal schwimmen...« Amedeo biß sich auf die Lippen und zählte die Seiten, die er bis zum Schluß noch zu lesen hatte.

Abenteuer eines Kurzsichtigen

Amilcare Carruga war noch nicht alt und nicht mittellos, überdies ohne übertriebene materielle oder geistige Ansprüche: nichts hinderte ihn also, sein Leben zu genießen. Und dennoch begann dieses Leben, so spürte er, seit kurzer Zeit kaum merklich an Duft und Geschmack zu verlieren. Es waren lauter Belanglosigkeiten, wie zum Beispiel der Anblick der Frauen auf der Straße: früher starrte er ihnen gierig nach, jetzt hingegen blickte er nur instinktiv auf, und da ihm schien, als strichen sie flüchtig wie ein Windhauch vorüber, ohne das mindeste Gefühl in ihm zu erwecken, senkte er wieder gleichgültig die Lider. Die unbekannten Städte – es gab eine Zeit, da erfüllten sie ihn mit wilder Erregung, er reiste viel, als Kaufmann ... jetzt empfand er nur noch Überdruß dabei, die Konfusion, fehlende Orientierung. Früher ging er, der allein lebte, am Abend gern ins Kino und fand sein Vergnügen daran, gleichviel, was für ein Film gespielt wurde; für den, der oft ins Kino geht, rinnen alle Filme zu einem einzigen zusammen, zu einer Geschichte in Fortsetzungen, er kennt alle Schauspieler, auch die Sternchen und die kleinen Chargen, und schon dieses Wiedererkennen macht Spaß. Nun, auch im Kino erschienen ihm all die vielen Gesichter wie getüncht, flach, anonym; er langweilte sich.

Endlich begriff er. Es lag an ihm selbst: er war kurzsichtig. Der Optiker versah ihn mit einer Brille. Von diesem Augenblick an veränderte sich sein Leben und wurde hundertmal reicher an interessanten Dingen als zuvor.

Schon das Aufsetzen der Brille war jedesmal ein Ereignis. Er stand etwa an der Haltestelle einer Straßenbahn, und ihn überkam tiefe Betrübnis, daß alles ringsum,

Menschen und Gegenstände, so nebensächlich war, so banal, abgenutzt, und er selbst inmitten einer weichen Welt verschwimmender Formen und fast aufgelöster Farben. Dann setzte er die Brille auf, um die Nummer einer ankommenden Bahn zu erkennen, und schon änderte sich alles; die unbedeutendsten Dinge, selbst ein Telegraphenmast, zeichneten sich mit vielen winzigen Besonderheiten, mit ganz klaren Linien ab, und die Gesichter, all die unbekannten Gesichter, füllten sich mit kleinen Zeichen, eben hervorsprießenden Bartstoppeln, bewegten Mundwinkeln, Schatten des Ausdrucks, von denen er eben noch nichts geahnt hatte. Und jetzt sah er auch, aus welchem Stoff die Anzüge und Kleider gemacht waren; er ging mit den Augen dem Gewebe nach, entdeckte abgeschabte Ärmel. Das Sehen wurde zu einem Vergnügen, einem Schauspiel – nicht die Betrachtung dieses oder jenes Dinges, sondern das Sehen. So kam es, daß Amilcare Carruga vergaß, auf die Nummern der Straßenbahn zu achten, und eine Bahn nach der anderen verpaßte oder in eine falsche Linie stieg. Er sah eine derartige Vielfalt von Dingen, daß es schien, als sähe er gar nichts mehr. Er mußte sich erst allmählich daran gewöhnen, mußte von vorn anfangen und lernen, was anzuschauen wichtig und was überflüssig war.

Wenn er nun den Frauen auf der Straße begegnete, die sich doch schon zu ungreifbaren Schatten verflüchtigt hatten, so war allein die genaue Betrachtung jenes Spieles von hervor- und zurücktretenden Kurven, das ihre Körper in den Kleidern vollführten, die Abschätzung ihrer Hautfrische, die im Blick enthaltene Glut nicht nur ein Sehen, sondern geradezu ein Besitzergreifen. Er ging zum Beispiel ohne Brille dahin (denn er trug sie nicht ständig, sondern nur, wenn er in die Ferne blicken wollte), und da hob sich vor ihm auf dem Bürgersteig ein Kleid in lebhafter Farbe ab. Mit einer schon automatischen Handbewegung zog Amilcare die Brille aus dem Futteral in seiner Innentasche und setzte sie auf die Nase. Oft mußte er seine straflose Genüßlichkeit dennoch bezahlen: es war eine Alte. Amilcare Carruga wurde vorsichtiger. Und wenn ihm jetzt eine entgegenkommende Frau nach Farbe und Bewegung zu bescheiden, zu unbedeutend erschien, als daß es sich lohnte, sie in Augenschein zu nehmen, kam es vor, daß er die Brille gar nicht erst aufsetzte; trafen sie sich dann und streiften sich fast in der Begegnung, bemerkte er jedoch, daß an ihr irgend etwas war, das ihn stark anzog, und er glaubte in diesem Augenblick einen Blick ihrer Augen aufzufangen, in dem Erwartung stand, und vielleicht hatte sie ihn schon beim ersten Anblick so angesehen und er hatte es nicht bemerkt; jetzt war es zu spät und sie war um die nächste Ecke gebogen oder in den Autobus gestiegen, jedenfalls außer Sichtweite, und er würde sie nicht wiedererkennen. So, von der Brille gelenkt, lernte er langsam das Leben.

Doch die neueste Welt, die ihm seine Brillengläser aufschlossen, war die der Nacht. Die nächtliche Stadt, vor kurzem noch in formlose Wolken der Dunkelheit und farbige Lichtflecken gekleidet, enthüllte jetzt eine klare Struktur, Vorsprünge, Durchblicke; die Lampen zeigten deutliche Umrisse, die Neonlicht-Leuchtschriften traten Buchstabe für Buchstabe hervor. Das Schöne an der Nacht lag aber vor allem in jenem Rest von Unbestimmtem, das im Gegensatz zum Tag doch immer übrigblieb; es geschah, daß Amilcare den Wunsch verspürte, die Brille aufzusetzen, um dann festzustellen, daß er sie bereits trug; das Gefühl der Fülle ließ stets noch eine Spitze der Sehnsucht in ihm, und die Dunkelheit war ein bodenloses Land, in dem er nie müde wurde zu schürfen. Er schaute von den Straßen empor, über die Häuser mit den Reihen gelber Fenster hinaus, in den gestirnten Himmel, und entdeckte, daß die Sterne nicht auf dem Grund des Himmels klebten wie ausgelaufenes Eigelb und Eiweiß, sondern haarscharfe Lichtstiche waren, die unendliche Entfernungen durchdrangen und rings um sich öffneten.

Diese neue Aufmerksamkeit, die er den Wirklichkeiten der äußeren Welt widmete, verband sich mit einer Sorge für sich selbst, die ebenfalls der Brille zu verdanken war. Amilcare Carruga hatte bisher nicht sehr auf sich geachtet, und doch war er, wie es gerade bei manchen bescheidenen Menschen vorkommt, übertrieben empfindlich, was seine Lebensweise betraf. Nun scheint zwar der Übergang von der Kategorie der brillenlosen Menschen zu der eines Brillenträgers unerheblich, und doch ist es bei genauerem Zusehen ein gewaltiger Sprung. Man denke nur einmal daran, daß jemand, der einen zu beschreiben versucht, vor allem anderen sagen wird: ›einer mit Brille‹ – dergestalt, daß diese Beigabe, die zwei Wochen früher noch gar nicht vorhanden und einem völlig fremd war, nunmehr zum ersten Attribut wird und mit dem Wesen des Menschen selbst verschmilzt. Amilcare jedenfalls ärgerte es ein wenig – dummerweise, wenn man so will –, daß er von einem Tag auf den anderen ›einer mit Brille‹ geworden war. Und ist das denn wirklich gar nichts? Genügt es nicht, um einem den Zweifel einzuflößen, daß alles, was einen angeht, im Grunde zufällig ist und sich plötzlich zu wandeln vermag und daß man völlig anders sein könnte, ohne daß dies etwas ausmachen würde. Von diesem Gedanken aus ist es nicht weit bis zu der Schlußfolgerung, daß es dasselbe ist, ob man überhaupt existiert oder nicht, und von da führt nur noch ein winziger Schritt zur Verzweiflung.

Als daher Amilcare ein Gestell für seine Gläser aussuchen mußte, entschied er sich instinktiv für ein ganz schmales, kaum mehr sichtbares, das nur aus zwei dünnen versilberten Bügeln bestand, die den nackten Gläsern auf dem Nasenrücken Halt gaben. So blieb es eine Weile, dann stellte Amilcare fest, daß er sich damit nicht wohl fühlte: wenn er sich unversehens in einem Spiegel erblickte, empfand er lebhafte Abneigung gegen sein Gesicht, als wäre es das Gesicht einer ihm völlig fremden Menschengattung. Gerade diese so diskreten, leichten, fast weiblichen Gläser machten ihn zu ›einem mit Brille‹, zu einem Geschöpf, das sein Leben lang nichts anderes getan hatte, als eine Brille zu tragen, und es nun schon selbst gar nicht mehr spürte. Diese Brille schlich sich als Teil in seine Physiognomie ein, wurde eins mit seinen Zügen, und so verlor sich jeder natürliche Kontrast zwischen dem, was sein Gesicht war – ein beliebiges Gesicht, aber immerhin ein Gesicht – und dem, was ein fremder Gegenstand war, ein Produkt der Industrie.

Er mochte diese Brille nicht, und daher dauerte es nicht lange, bis sie hinfiel und zerbrach. Er kaufte eine andere. Und diesmal traf er eine entgegengesetzte Wahl: er nahm eine mit einem Gestell aus schwarzem Kunststoff, einem zwei Finger breiten Rahmen, dessen Ränder an den Scharnieren wie die Scheuklappen eines Pferdes vom Schläfenknochen abstanden, eine Brille mit schwer lastenden Bügeln, die einem die Ohrmuschel herabdrükken. Es war geradezu eine Art Halbmaske, und trotzdem fühlte er sich darunter als er selbst: es gab keinen Zweifel daran, daß die Brille ein Ding war und er etwas anderes, das nicht das geringste damit zu tun hatte; es war klar, daß er nur zufällig und gelegentlich die Brille trug und ohne sie ein ganz anderer Mensch war. Und so kehrte er – für so lange, wie seine Natur es ihm erlaubte – zur freudigen Zufriedenheit zurück.

In dieser Zeit mußte er einmal geschäftlich nach V. reisen. V. war Amilcare Carrugas Geburtsort und er hatte dort seine Kindheit und Jugend verbracht. Seit zehn Jahren jedoch war er nur noch gelegentlich und immer seltener in V. gewesen, und jetzt war es auch wieder mehrere Jahre her seit seinem letzten Besuch. Man weiß ja, wie das ist, wenn man sich aus einem Milieu löst, in dem man lange gelebt hat: kehrt man nur noch manchmal zurück, in großen Zeitabschnitten, so sieht man, daß die Straßen, die Freunde, die Gespräche im Café entweder alles sind oder nichts mehr; entweder man sucht sie Tag für Tag auf oder findet überhaupt keinen Zugang mehr, und der Gedanke, sich dort nach so langer Zeit blicken zu lassen, gibt einem eine Art Stich und man verjagt ihn schnell wieder.

So war Amilcare nach und nach davon abgekommen, eine Gelegenheit zur Heimreise zu suchen; dann hatte er sie, wenn sie sich bot, des öfteren versäumt, und am Ende war er ihr geradezu ausgewichen. Doch in letzter Zeit war zu der gewöhnlichen schrittweisen Entfremdung auch jene allgemeine Unlust hinzugekommen, die er mit dem Fortschreiten seiner Kurzsichtigkeit identifizierte. Jedenfalls ergriff er nun, da er sich mit der Brille in einem neuen Gemüts- und Geisteszustand befand, die nächste Gelegenheit beim Schopf und reiste nach V.

Die Stadt erschien ihm in einem ganz anderen Licht als beim letzten Besuch. Und dies nicht auf Grund von Veränderungen; gewiß, sie hatte sich in manchem gewandelt, überall standen Neubauten, er sah andere Cafés, Läden und Kinos als früher, eine neue Jugend war herangewachsen, und der Verkehr hatte sich verdoppelt. Gleichwohl betonte dieses Neue das Alte nur und ließ es deutlicher hervortreten; es gelang Amilcare zum erstenmal wieder, die Stadt mit den Augen seiner Kindheit anzusehen, als habe er sie gestern erst verlassen. Mit der Brille sah er eine Unzahl nebensächlicher Einzelheiten, zum Beispiel ein bestimmtes Fenster, ein Treppengeländer, oder aber er sah es jetzt mit Bewußtheit, er konnte es aus all dem übrigen herausheben, während er es damals einfach angesehen hatte und damit genug.

Gar nicht zu reden von den Gesichtern: ein Zeitungsverkäufer, ein Rechtsanwalt, dieser und jener, manche waren offensichtlich gealtert. Das waren die echten Familienangehörigen von V. Amilcare hatte selbst keine

Verwandten mehr, und der engste Freundeskreis war längst in alle Winde zerstreut. Immerhin gab es noch zahllose Bekannte, das war ja in einer so kleinen Stadt gar nicht anders denkbar – klein war sie zumindest damals gewesen, als er hier lebte – jeder kannte jeden, wenigstens vom Ansehen. Inzwischen war die Bevölkerungszahl stark gestiegen, es hatte, wie in allen günstig gelegenen Städten Norditaliens, ein Zustrom von Süden eingesetzt, weshalb die meisten Gesichter, denen Amilcare begegnete, ihm nichts sagten. Um so deutlicher unterschied er auf den ersten Blick die alten Einwohner; Anekdoten kamen ihm ins Gedächtnis, Beziehungen, Spitznamen.

V. gehört zu den Provinzstädten, in denen die Gewohnheit herrscht, abends auf der Hauptstraße zu promenieren, und hieran hatte sich seit Amilcares Zeiten nichts geändert. Wie es in solchen Fällen meist zu sein pflegt, war einer der beiden Bürgersteige mit einer besonders dichten Menschenmenge angefüllt, während auf dem anderen nicht so viele dahingingen. Amilcare und seine Freunde waren aus einer Art Nonkonformismus immer auf der weniger belebten Seite gegangen, und von dort aus hatten sie den Mädchen auf dem anderen Bürgersteig Blicke und Grüße und Scherzworte zugeworfen. Er fühlte sich jetzt in einem ähnlichen Zustand, nur noch etwas aufgeregter, und schritt auf seinem Bürgersteig weiter, die Vorübergehenden musternd. Wenn er Bekannten begegnete, empfand er keine Verlegenheit, sondern Vergnügen, und er beeilte sich zu grüßen. Mit dem oder jenem wäre er auch gern stehengeblieben und hätte zwei Worte gewechselt, doch war der Verkehr so angewachsen, daß man nicht mehr halb auf dem Fahrdamm gehen und ihn, wo man wollte, überqueren konnte wie früher; man mußte auf den schmalen Bürgersteigen bleiben, wo sich die Menschen hastig aneinander vorbeidrängten. Man kam daher nur sehr schnell oder ganz langsam voran, je nachdem, ohne rechte Bewegungsfreiheit. Amilcare mußte sich dem Strom anschließen oder mühsam gegen ihn ankämpfen, und wenn er ein bekanntes Gesicht erblickte, fand er gerade noch Zeit, ihm einen Gruß zuzuwinken, ehe es verschwand, und er wußte nicht einmal, ob der andere ihn gesehen hatte oder nicht.

Da stieß er auf Corrado Strazza, seinen alten Klassenkameraden und Billardgenossen vieler Jahre. Amilcare lächelte ihn an und vollführte eine weite Armbewegung; Corrado aber kam näher und sah ihn dabei an, ohne ihn richtig wahrzunehmen, sein Blick glitt über ihn hin, und Corrado eilte weiter. Hatte er Amilcare tatsächlich nicht erkannt? Es war Zeit vergangen, doch Carruga wußte genau, daß er sich nicht wesentlich verändert hatte; es war ihm bis heute gelungen, einen Schmerbauch zu vermeiden und seine Haare zu behalten, in seinem Gesicht waren auch keine besonderen Veränderungen vorgegangen. Und da kam Professor Cavanna. Amilcare grüßte ihn auf andere Weise, mit einem kleinen Neigen des Kopfes. Der Lehrer machte zuerst Miene, instinktiv den Gruß zu erwidern, dann blieb er stehen und sah sich um, als suche er jemanden. Und das war Professor Cavanna mit dem berühmten Gedächtnis, das die Gesichter und Namen zahlreicher Generationen behielt, sogar die Rufnamen und die Zensuren! Endlich erwiderte jemand Amilcares Gruß, Ciccio Corba, der Trainer der Fußballmannschaft. Doch gleich darauf schlug er die Augen nieder und fing an zu pfeifen, als habe er irrtümlich den Gruß eines Unbekannten auf sich bezogen.

Es wurde Amilcare klar, daß niemand ihn erkennen würde. Die Brille, die ihm die übrige Welt sichtbar machte, die Brille mit dem riesigen schwarzen Rahmen, machte ihn unsichtbar. Wer sollte sich auch vorstellen können, daß hinter dieser Maske ausgerechnet Amilcare Carruga steckte, der seit so langer Zeit fern von V. lebte, den niemand von einem Augenblick zum anderen hier erwartete? Er war eben zu dieser Schlußfolgerung gelangt, als Isa Maria Bietti auftauchte. Sie ging mit einer Freundin zusammen an den Schaufenstern entlang, Amilcare trat ihr in den Weg, stand unmittelbar vor ihr, und schon wollte er sagen: Isa Maria! Doch die Stimme in seiner Kehle versagte, Isa Maria Bietti stieß ihn mit dem Ellbogen beiseite und sagte zu ihrer Freundin: »Merkwürdig, wie die Leute sich jetzt benehmen...« und schritt davon.

Nicht einmal sie hatte ihn erkannt. Plötzlich begriff er, daß er nur wegen Isa Maria Bietti zurückgekehrt, nur ihretwegen so lange von V. ferngeblieben war, daß alles, alles in seinem Leben und in der Welt nur wegen Isa Maria Bietti geschah, und jetzt endlich sah er sie wieder, ihre Blicke kreuzten sich, und sie erkannte ihn nicht. Seine innere Bewegung war so groß, daß er gar nicht bemerkte, wie weit sie sich ihrerseits verändert hatte, ob sie dicker oder älter geworden war, ob der gleiche verlockende Zauber von ihr ausging wie früher oder ein geringerer oder stärkerer; nichts war ihm aufgefallen, als daß hier Isa Maria Bietti kam und Isa Maria Bietti ihn nicht gesehen hatte.

Er war an das Ende der Häuserzeile gelangt. Dort, an der Ecke der Eiskonditorei, oder noch eine Laterne weiter, konnte man umkehren und in entgegengesetzter Richtung gehen. Auch Amilcare tat dies, wie viele andere vor ihm. Und die Brille hatte er abgenommen. Jetzt war die Welt wieder zu einer undurchsichtigen Wolke geworden, und er mochte seine Blicke noch so angestrengt hineinbohren, er zog mit seinen Augen nichts an Land. Nicht, daß er niemanden erkannt hätte; an den bestbeleuchteten Stellen war er immer um Haaresbreite so weit, ein Gesicht zu entziffern; doch ein Zweifel blieb, ob er sich nicht vielleicht doch geirrt habe, und außerdem, was machte es schon aus, wer das nun wieder war oder nicht war. Jemand winkte, grüßte, es konnte ja sein, daß dieser Gruß ihm galt, doch Amilcare erkannte nicht recht, um wen es sich handelte. Noch zwei weitere Passanten grüßten, er wollte schon erwidern, hatte aber keine Ahnung, wer das war. Vom anderen Bürgersteig rief eine Stimme: »Ciao, Carrù!« Dem Tonfall nach mochte es ein gewisser Stelvi sein. Mit Befriedigung stellte Amilcare fest, daß man ihn erkannte, sich an ihn erinnerte. Doch war dies nur eine relative Befriedigung, denn er selbst sah niemanden richtig, die Leute verschwammen in seinem Gedächtnis, ein Mensch oder der andere, er konnte sie nicht mehr gut auseinanderhalten, und im Grunde waren sie ihm ziemlich gleichgültig.

»Guten Abend«, sagte er dann und wann, wenn er ein Nicken zu erspähen glaubte, eine Kopfbewegung zu ihm hin. Der dort, der ihn eben gegrüßt hatte, mußte entweder Bellintusi sein, oder Carretti oder auch Strazza. Wenn es Strazza war, hätte er wirklich ganz gern ein paar Worte mit ihm gesprochen. Doch nun hatte er seinen Gruß so eilig erwidert, und wenn er es genau bedachte, bestanden ihre Beziehungen auch aus weiter nichts als solchen konventionellen und flüchtigen Begegnungen.

Daß er seine Augen so heftig umherwandern ließ, hatte natürlich einen besonderen Grund: Isa Maria Bietti. Sie trug einen roten Mantel, folglich mußte man sie schon von weitem entdecken. Ein Weilchen folgte Amilcare einem roten Mantel, doch als es ihm endlich gelang, auf gleiche Höhe zu kommen, sah er, daß es nicht Isa Maria war, und inzwischen waren zwei andere rote Mäntel auf der gegenüberliegenden Seite der Straße vorübergegangen. In dieser Saison trugen viele Frauen Rot. Vorhin zum Beispiel hatte er in einem solchen Mantel Gigina gesehen, die vom Tabakladen. Jetzt grüßte ihn sogar eine Frau im roten Mantel zuerst, und Amilcare antwortete äußerst kühl, weil es sich bestimmt um diese Tabak-Gigina handelte. Dann überfiel ihn der Zweifel, es könnte vielleicht doch nicht Gigina, sondern Isa Maria gewesen sein. Aber wie war es denn möglich, Gigina und Isa zu verwechseln! Amilcare machte auf den Hacken kehrt, um sich zu vergewissern. Er begegnete Gigina, das war sie bestimmt, kein Zweifel; doch wenn sie jetzt von dieser Seite her kam, konnte sie es eben nicht gewesen sein. Er begriff überhaupt nichts mehr. Wenn Isa Maria ihn gegrüßt und er ihr derartig kühl geantwortet hatte, war seine ganze Reise, die ganze Erwartung, waren alle vergangenen Jahre sinnlos vertan. Hin und her ging Amilcare auf dem Bürgersteig, in dieser Richtung und in der entgegengesetzten, manchmal mit der Brille auf der Nase und manchmal ohne, zeitweilig teilte er Grüße aus, zeitweilig empfing er welche von nebelhaften, unkenntlichen Phantomen.

Am anderen Ende der Promenade führte die Straße weiter und aus der Stadt hinaus. Da gab es eine Baumreihe, einen Graben, eine Hecke, und dann kamen die Felder. Damals war man mit einem Mädchen am Arm hierhergegangen, und auch wenn man allein war – dann fühlte man sich noch einsamer, auf einer Bank, umgeben vom Grillengezirp. Amilcare Carruga ging weiter; die Stadt hatte sich auch in dieser Richtung ein wenig ausgedehnt, etwas, nicht viel. Da war die Bank, der Graben, das Grillengezirp, wie früher. Amilcare Carruga setzte sich. Von der ganzen Landschaft ließ die Nacht nur ein paar Schattenbündel stehen. Hier war es völlig gleich, ob er die Brille aufsetzte oder nicht. Und Amilcare begriff, daß die freudige Erregung, die ihm seine Brille geschenkt hatte, vermutlich die letzte in seinem Leben war, und nun ging es zu Ende.

Abenteuer eines Photographen

Wenn es Frühling wird, ziehen die Städter zu Hunderttausenden mit dem umgehängten Apparat hinaus. Und sie photographieren einander. Sie kehren zufrieden heim, wie Jäger mit der vollen Jagdtasche, verbringen die Tage voll süßer Sehnsucht in Erwartung der entwickelten Photos (zu der sie das subtile Vergnügen der alchimistischen Manipulationen in der Dunkelkammer hinzufügen, die der Familie verschlossen bleibt und herb nach Säuren riecht), und erst wenn sie die Photos vor Augen haben, scheinen sie den verbrachten Tag in greifbaren Besitz zu nehmen, erst dann gewinnt jener Gebirgsbach, jene Bewegung des Kindes mit dem Eimerchen, jener Sonnenreflex auf den Beinen der Gattin die Unwiderruflichkeit dessen, was gewesen ist und nicht mehr in Zweifel gezogen werden kann. Der Rest mag im ungewissen Schatten der Erinnerung untergehen.

Wenn Antonino Paraggi, Nichtphotograph, seine Freunde und Kollegen besuchte, verspürte er eine zunehmende Isolierung. Jede Woche entdeckte er, wie plötzlich einer begeistert an den Diskussionen über die Empfindlichkeit der Blende oder die Zahl der Din teilnahm, dem er noch gestern in der Gewißheit der Übereinstimmung seine sarkastischen Ansichten über eine Tätigkeit anvertraut hatte, die für ihn so wenig aufregend und so ohne alle Überraschungen war.

In seinem Beruf hatte Antonino Paraggi den Verteilerorganisationen seines Unternehmens Durchführungsbestimmungen zu erläutern, aber seine wahre Leidenschaft war es, mit Freunden die kleinen und großen Tagesereignisse zu diskutieren und dabei hinter dem Wirrwarr besonderer Umstände und Erscheinungen die allgemeinen Hintergründe freizulegen; kurzum, er war ein Philosoph, und es war sein ganzes Bestreben, sich auch die seiner Erfahrung am fernsten liegenden Tatsachen erklären zu können. Nun spürte er, daß etwas im Wesen des photographierenden Menschen ihm entging, der geheime Anruf, durch den sich fortwährend neue Jünger des Objektivs anwerben ließen, von denen die einen die Fortschritte ihrer technischen und künstlerischen Fähigkeiten rühmten, die anderen im Gegenteil das ganze Verdienst dem Apparat zuschrieben, den sie erworben hatten und der imstande war (wenn man sie hörte), Meisterwerke hervorzubringen, auch wenn er unfähigen Händen anvertraut war (wie, so erklärten sie, beispielsweise den ihren; denn wenn es darum ging, die technischen Vorzüge des Apparats herauszustellen, nahmen sie sogar in Kauf, daß die eigenen Talente geschmälert wurden). Antonino Paraggi begriff, daß weder das eine noch das andere entscheidend war: das Geheimnis lag anderswo.

Es muß gesagt werden, daß es auch ein gewisser Selbstbetrug war, wenn Antonino Paraggi die Photographiersucht als das ansah, was ihn allmählich von seinen Freunden trennte. So mußte er dafür nicht einen anderen und auffallenderen Vorgang verantwortlich machen. Was nämlich geschah, war, daß seine Altersgenossen sich einer nach dem anderen verheirateten, Familien gründeten, während Antonino Junggeselle blieb. Auch bestand zwischen den beiden Phänomenen ein Zusammenhang, da häufig die Photographierleidenschaft ganz natürlich und beinahe physiologisch als Folge der Vaterschaft entstand. Einer der ersten Instinkte der Eltern, nachdem sie ein Kind in die Welt gesetzt haben, war, es zu photographieren; und bei der Schnelligkeit des Wachstums erwies es sich als notwendig, es oft zu photographieren, weil nichts vergänglicher und leichter zu vergessen war, als ein Kind von sechs Monaten, schnell ausgelöscht und abgelöst von jenem von acht Monaten und dann von einem Jahr; und die ganze Vollkommenheit, die ein Kind von drei Jahren in den Augen der Eltern erreicht haben konnte, reicht nicht hin, um zu verhindern, daß die neue Vollkommenheit der vier an ihre Stelle trat, um sie zu zerstören, so daß nur das Photoalbum blieb, wo alle diese flüchtigen Vollkommenheiten sich bewahrten und richtig einordneten, da jede nach einer eigenen unvergleichlichen Absolutheit verlangte. In der Sucht der jungen Eltern, den Sprößling in den Sucher zu bringen, um ihn in die Unbeweglichkeit des Schwarzweißbildes oder des Farbdias zu verwandeln, sah der Nichtphotograph und Nichterzeuger Antonino vor allem eine Krankheit, ein Abgleiten in den Wahnsinn, der in jenem schwarzen Gerät verborgen war. Aber seine Überlegungen über den Zusammenhang Ikonothek – Familie – Wahnsinn waren nur flüchtig und nicht ganz ehrlich: sonst hätte er begriffen, daß in Wirklichkeit er, der Junggeselle, die größte Gefahr lief.

In Antoninos Freundeskreis war es üblich, das Wochenende gemeinsam außerhalb der Stadt zu verbringen, eine Gewohnheit, die auf ihre Studienzeit zurückging und sich auf die Bräute und dann auf die jungen Frauen und die Kinder ausgedehnt hatte, auf die Kindermädchen und in einigen Fällen auf die angeheirateten Verwandten und neuen Bekannten. Da diese Gewohnheit nie abgerissen war, konnte Antonino so tun, als habe sich im Lauf der Jahre nichts geändert, als befinde er sich noch in Gesellschaft der jungen Männer und Mädchen von damals, anstatt in einem Konglomerat von Familien, in dem er der einzige übriggebliebene Junggeselle war.

Immer öfter war man bei diesen Ausflügen in die Berge oder ans Meer für Familien- oder Gruppenaufnahmen auf die Hilfe eines Fremden angewiesen, eines Vorübergehenden vielleicht, der sich dazu hergab, auf den Auslöser des bereits eingestellten Apparates zu drücken. In diesen Fällen konnte Antonino seine Dienste nicht verweigern:

er nahm den Apparat aus den Händen eines Vaters oder einer Mutter entgegen – die sich beeilten, in der zweiten Reihe, den Hals zwischen zwei Köpfen vorgereckt, Platz zu suchen oder sich zwischen den Kleinsten zusammenzukauern –, dann konzentrierte er all seine Kräfte auf den ausgestreckten Finger und drückte auf den Auslöser. Die ersten Male verschob eine unbedachte Bewegung das Ziel, um Schiffsmasten oder Kirchturmspitzen zu beschlagnahmen oder Großväter und Onkel zu köpfen. Er wurde beschuldigt, es absichtlich zu tun, und für üble Scherze getadelt. Das stimmte nicht: er war bereit, seinen Finger als gehorsames Werkzeug des kollektiven Willens zur Verfügung zu stellen, allerdings gedachte er dabei seine augenblickliche Sonderstellung auszunutzen, um Photographen und Photographierte mahnend auf die Bedeutung ihres Tuns hinzuweisen. Sobald seine Fingerkuppe über dem Auslöser schwebte, sich gewissermaßen selbständig gemacht hatte, war er frei, seine Theorien in wohlbegründeten Ansprachen mitzuteilen, während er gleichzeitig gelungene kleine Gruppenszenen ins Bild brachte. (Einige Zufallserfolge hatten genügt, daß er unbefangen und vertraut mit Einstellungen und Belichtungsmessern umgehen konnte.)

»... denn wenn ihr einmal angefangen habt«, predigte er, »gibt es keinen Grund stehenzubleiben. Der Schritt zwischen der Wirklichkeit, die photographiert wird, weil sie uns schön erscheint, und der Wirklichkeit, die uns schön erscheint, weil sie photographiert wurde, ist sehr kurz. Wenn ihr Pierluca photographiert, während er die Sandburg baut, so gibt es keinen Grund, ihn nicht zu photographieren, während er weint, weil die Burg eingestürzt ist, und dann, während das Kindermädchen ihn tröstet, indem sie ihn mitten im Sand ein Schneckenhaus finden läßt. Ihr braucht nur von etwas zu sagen: »O wie schön, das müßte man wirklich photographieren«, und schon seit ihr auf dem Boden dessen, der meint, daß alles, was nicht photographiert ist, verloren ist, als hätte es nie existiert, und daß man um wirklich zu leben, photographieren muß, soviel man nur kann, und um zu photographieren, soviel man kann, muß man entweder so photogen leben wie möglich, oder jeden Augenblick des eigenen Lebens als photographierbar betrachten. Der erste Weg zur Verdummung, der zweite zum Wahnsinn.«

»Verrückt und dumm bist du wohl selber«, sagten die Freunde zu ihm, »und obendrein ein Spielverderber.«

»Ein Mensch, der alles, was ihm vor die Augen kommt, wiedergewinnen will«, erklärte Antonino, auch wenn ihm niemand mehr zuhörte, »sollte folgerichtig von dem Augenblick an, da er morgens die Augen öffnet, bis zum Schlafengehen mindestens ein Photo pro Minute knipsen. Nur so werden die Rollen belichteter Filme ein getreues Tagebuch unseres Lebens enthalten, ohne daß etwas davon ausgeschlossen bleibt. Wenn ich zu photographieren anfinge, würde ich diesen Weg bis zu Ende gehen, um den Preis, dabei den Verstand zu verlieren. Ihr dagegen wollt noch eine Auswahl vornehmen. Aber was für eine? Eine verniedlichende, tröstliche Auswahl, die nur das Idyll zeigt, den Frieden mit der Natur, der Nation, den Verwandten. Sie ist nicht bloß eine photographische Auswahl, die eure; sie ist eine Auswahl des Lebens, die auch dahin führt, die dramatischen Gegensätze auszuschließen, die Widersprüche, die Spannungen der Leidenschaft, der Abneigung. So glaubt ihr euch vor dem Wahnsinn zu retten, aber ihr verfallt der Mittelmäßigkeit, dem Stumpfsinn.«

Eine gewisse Bice, Ex-Schwägerin von irgendeinem, und eine gewisse Lydia, Ex-Sekretärin irgendeines anderen, baten ihn, einen Schnappschuß von ihnen zu machen, während sie in den Wellen Ball spielten. Er willigte ein, aber da er eine Theorie gegen Momentaufnahmen entwickelt hatte, beeilte er sich, sie den zwei Freundinnen mitzuteilen.

»Was bringt euch dazu, aus der beweglichen Kontinuität eures Tages diese zeitlichen Schnitten von der Dicke einer Sekunde herauszunehmen? Indem ihr euch den Ball zuwerft, lebt ihr in der Gegenwart, aber sobald das Klicken des Auslösers sich zwischen eure Bewegungen schleicht, ist es nicht mehr das Vergnügen am Spiel, das euch bewegt, sondern jenes, euch in der Zukunft wiederzusehen, euch in zwanzig Jahren auf einem vergilbten Stückchen Pappe wiederzufinden (vergilbt in sentimentaler Beziehung, auch wenn die modernen Fixiermethoden es unverändert erhalten werden). Die Freude an der natürlichen, aus dem Leben eingefangenen Momentaufnahme bekommt sogleich einen wehmütigen Beigeschmack, einen Erinnerungscharakter, auch wenn es ein Photo von vorgestern ist. Und das Leben, das ihr lebt, um es zu photographieren, ist schon im Anfang Erinnerung an sich selber. Die Momentaufnahme für wahrer zu halten als eine gestellte Portraitaufnahme ist ein Vorurteil...«

Dabei hüpfte Antonino im Wasser um die beiden Freundinnen herum, um ihr Spiel anzufeuern und aus der Einstellung die blendenden Sonnenreflexe auf dem Wasser auszuschließen. Bei einem Kampf um den Ball wurde Bice, die sich auf die schon untergetauchte Lydia stürzte, mit dem Hinterteil nach oben, über die Wellen fliegend aufgenommen. Antonino hatte sich, um diesen Anblick auf den Film zu bannen, rücklings ins Wasser geworfen, den Apparat in die Höhe haltend, und es fehlte nicht viel, so wäre er ertrunken.

»Sie sind alle sehr gut geworden, und die hier ist großartig«, bemerkten sie ein paar Tage danach, als sie einander die Probeabzüge aus der Hand rissen. Sie hatten sich im Laden des Photographen getroffen. »Du bist tüchtig, du mußt uns noch öfter aufnehmen.«

Antonino war zu dem Schluß gekommen, daß man zu den gestellten Portraitaufnahmen des 19. Jahrhunderts zurückkehren müsse, Aufnahmen, die für die gesellschaftliche Stellung und den Charakter der Personen repräsentativ waren. Seine antiphotographische Polemik konnte nur aus dem Inneren des schwarzen Kastens geführt werden, wenn er Photographie gegen Photographie stellte.

»Ich hätte zu gern einen jener alten Apparate mit Blasebalg«, sagte er zu den Freundinnen, »der auf einem Dreifuß montiert ist. Glaubt ihr, daß man so etwas noch findet?«

»Ich weiß nicht, vielleicht irgendwo bei einem Trödler...«

»Gehen wir auf die Suche.«

Die Freundinnen fanden die Jagd nach dem seltsamen Gegenstand lustig; gemeinsam machten sie Streifzüge durch Trödelmärkte, befragten alte Straßenphotographen, folgten ihnen in ihre elenden Behausungen... In Kellern und Abstellkammern, jenen Friedhöfen nicht mehr gebrauchter Dinge, ruhten kleine Säulen, Paravents, gemalte Hintergründe mit verblaßten Landschaften; alles, was ein altes Photoatelier wieder heraufbeschwor, kaufte Antonino. Zum Schluß konnte er einen Kastenapparat auftreiben, mit einem birnenförmigen Auslöser. Er schien tadellos zu funktionieren. Antonino kaufte ihn zusammen mit einem Sortiment Platten. Mit Hilfe der Freundinnen richtete er in einem Zimmer seiner Wohnung das Atelier ein, ganz mit alten Sachen, bis auf zwei moderne Scheinwerfer.

Jetzt war er zufrieden. »Man muß wieder von hier ausgehen«, erklärte er den Freundinnen. »Darin wie unsere Großeltern sich in Pose setzten, in der Art, wie die Gruppen angeordnet wurden, lag eine soziale Bedeutung, ein Geschmack, eine Kultur. Eine offizielle Photographie, die Aufnahme eines Ehepaares oder einer Familie oder einer Schulklasse, vermittelte einen Eindruck von dem, was jeder Stand oder jede Institution an Ernstem und Bedeutendem in sich hatte, aber auch an Falschem und Gezwungenen, Autoritärem, Hierarchischem. Dies ist der Punkt: die Beziehungen zu der Welt klarzustellen, die jeder von uns mit sich trägt und die man heute zu verbergen trachtet, weil man glaubt, daß sie auf diese Weise verschwinden, während ...«

»Aber von wem möchtest du denn eine Portraitaufnahme machen?«

»Kommt morgen vorbei, und ich werde bei euch damit anfangen.« »Wieso, worauf willst du überhaupt hinaus?« fragte Lydia plötzlich mißtrauisch. Erst jetzt, in dem eingerichteten Atelier, fand sie, daß alles darin ein finsteres, drohendes Aussehen hatte. »Da kannst du lange warten, ehe wir dir Modell stehen!«

Bice stimmte in Lydias spöttisches Gelächter ein, aber am nächsten Tag kam sie allein wieder.

Sie trug ein weißes Leinenkleid mit farbigen Stickereien an den Ärmeln und Taschen. Das Haar hatte sie in der Mitte gescheitelt und an den Schläfen zusammengefaßt. Sie lachte verstohlen, den Kopf zur Seite geneigt. Antonino ließ sie eintreten, und während er ihre halb anmutige, halb spöttische Art sich zu geben beobachtete, überlegte er, welche Züge wohl ihren wahren Charakter bestimmten.

Er ließ sie in einem großen Lehnstuhl Platz nehmen und steckte den Kopf unter das schwarze Tuch seines Apparates. Es war eine jener Kassetten mit einer Glasrückwand, in der sich das Bild schon beinahe wie auf einer Platte spiegelte, gespenstisch, ein wenig milchig, von jeder Zufälligkeit in Raum und Zeit losgelöst. Und es kam Antonino vor, als sähe er Bice zum erstenmal. Sie hatte eine Nachgiebigkeit in den gesenkten, ein wenig schweren Augenlidern, im Vorstrecken des Halses, die etwas Verborgenes verhieß, so wie ihr Lächeln sich hinter dem Akt des Lächelns selbst zu verbergen schien.

»Jawohl, so, nein, den Kopf mehr dorthin, die Augen

aufzuschlagen, nein, senken«, Antonino jagte unter dem schwarzen Tuch hinter etwas in Bice nach, das ihm auf einmal sehr kostbar erschien, absolut.

»Jetzt liegt dein Gesicht im Schatten, komm mehr ins Licht, nein, vorher war es besser.«

Es gab viele mögliche Photographien von Bice und viele unmöglich zu photographierende Bices, aber das, was er suchte, war jenes Bild, das alle anderen enthielt.

»Ich kriege dich nicht«, seine Stimme kam erstickt und kläglich unter dem schwarzen Tuch hervor, »ich kann dich nicht aufnehmen.«

Er machte sich von dem Tuch frei und richtete sich wieder auf. Er hatte alles von Anfang an falsch gemacht. Jener Ausdruck, jenes Geheimnis, das ihm zum Greifen nah auf ihrem Gesicht erschien, war etwas, das ihn in den Treibsand der Seelenzustände, der Stimmungen hineinzog: auch er hatte versucht, das entfliehende Leben, das Ungreifbare festzuhalten, genau wie die Knipser der Momentaufnahmen.

Er mußte den entgegengesetzten Weg einschlagen: auf ein Bild ganz an der Oberfläche, sichtbar und eindeutig, hinzielen, das nicht vor dem herkömmlichen Klischee zurückschreckte, vor der Maske. Da die Maske vor allem ein soziales, historisches Produkt ist, enthielt sie mehr Wahrheit als jedes Bild, das sich als ›wahr‹ ausgab; sie trug eine Menge von Bedeutungen in sich, die sich nach und nach enthüllen würden. War es nicht gerade mit dieser Absicht geschehen, daß er sich sein Atelier eingerichtet hatte?

Er beobachtete Bice. Er mußte von ihrer äußeren Aufmachung ausgehen. In Bices Art, sich zu kleiden und zurechtzumachen, dachte er, war die halb sehnsüchtige, halb spöttische, im Geschmack jener Jahre liegende Absicht zu erkennen, sich auf die Mode von vor dreißig Jahren zu berufen. Die Photographie hätte diese Absicht betonen sollen: wieso hatte er nicht daran gedacht?

Antonino machte sich auf die Suche nach einem Tennisschläger; Bice sollte stehen, in Dreiviertelaufnahme, mit dem Rakett unter dem Arm, das Gesicht mit einem Ausdruck wie auf einer sentimentalen Postkarte. Wieder unter dem schwarzen Tuch, erschien Antonino das Bild von Bice – in dem, was es an Schlankheit und für jene Pose Geeignetem hatte, und in dem, was es an Ungeeignetem und beinahe Widersprüchlichem hatte, und was die Pose betonte, – sehr interessant. Er ließ sie mehrmals die Stellung ändern, wobei er die Geometrie der Beine und Arme mit Bezug auf den Tennisschläger und den Hintergrund studierte. (Auf der idealen Karte, die ihm vorschwebte, mußte das Netz des Tennisplatzes zu sehen sein; doch man konnte nicht zuviel verlangen, Antonino begnügte sich mit einem Ping-Pong-Tisch.)

Aber noch fühlte er sich nicht auf sicherem Boden: wollte er etwa versuchen, Erinnerungen zu photographieren, oder womöglich das aus dem Gedächtnis emportauchende, verschwommene Echo der Erinnerung? Er hatte es abgelehnt, nach Art der Sonntagsphotographen die Gegenwart als zukünftige Erinnerung zu leben; aber ließ er sich nicht statt dessen auf ein ebenso unwirkliches Unterfangen ein: der Erinnerung einen Körper zu geben, um ihn an die Stelle der Gegenwart zu setzen?

»Bewege dich, was stehst du so steif da, halte das Rakett in die Höhe, zum Donnerwetter! Tu' als spieltest du Tennis!« schrie er plötzlich. Er hatte begriffen, daß man nur durch Übertreibung der Posen eine verfremdende Wirkung erzielen konnte; nur dadurch, daß man eine auf halbem Weg angehaltene Bewegung fingierte, konnte man den Eindruck des Stillstehenden, des nicht Lebenden geben.

Bice führte seine Befehle fügsam aus, auch wenn sie ungenau und widersprechend waren, passiv, als wollte sie zeigen, daß sie außerhalb dieses Spiels stünde, und doch gab ihm dies gerade dadurch den Anschein einer von ihr geführten geheimnisvollen Partie. Während Antonino sie anwies, die Beine und die Arme so und so zu stellen, erwartete er von ihr nicht so sehr die bloße Ausführung seiner Befehle, sondern daß sie sich plötzlich auflehnte: eine unvorhersehbare, aggressive Antwort auf die Gewalt, die er immer mehr über sie auszuüben geneigt war.

Es war wie in bösen Träumen, dachte Antonino, als er im Dunkel begraben die durch das gläserne Viereck gefilterte Tennisspielerin betrachtete: wie in den Träumen, wenn etwas aus den Tiefen der Erinnerung auftaucht, sich zu erkennen gibt und sogleich in etwas Unerwartetes verwandelt, das schon vor der Verwandlung erschreckt, weil man nicht weiß, in was es sich verwandeln könnte. Wollte er die Träume photographieren? Dieser Verdacht ließ ihn verstummen, den Kopf unter dem Tuch verborgen, die Birne des Auslösers in der Hand, wie blödsinnig; unterdessen setzte Bice, sich selbst überlassen, ihren grotesken Tanz fort, in übertriebenen Tennisbewegungen erstarrend, Rückhandschlag, Drive, Rakett in die Höhe oder zu Boden, als wäre der Blick, der aus dem gläsernen Auge kam, der Ball, den sie fortwährend zurückschlug.

»Genug, was soll diese Komödie, so habe ich es nicht gemeint«, und Antonino bedeckte den Apparat mit dem Tuch, begann im Zimmer umherzugehen.

Dieses Kleid war an allem schuld, mit seinen Tennis- und Vorkriegszeit-Beschwörungen ... Zugegeben, das Portrait, an das er dachte, ließ sich nicht im Straßenkleid aufnehmen. Dazu bedurfte es einer gewissen Feierlichkeit, eines gewissen Pomps, wie bei den offiziellen Photos von Königinnen. Nur im Abendkleid würde Bice zu einem photographischen Sujet, mit dem Dekolleté, das eine klare Grenze zwischen dem Weiß der Haut und dem

Dunkel des Stoffs bezeichnete, unterstrichen von dem Funkeln der Juwelen, eine Grenze zwischen der zeitlosen und in ihrer Nacktheit unpersönlichen Frau und der gesellschaftlichen Abstraktion des Kleides, Sinnbild einer ebenso unpersönlichen Rolle wie die Drapierung einer allegorischen Statue.

Er trat an Bice heran, begann ihr Kleid am Halse aufzuknöpfen, es ihr über die Schultern zu streifen. Gewisse Damenbildnisse aus dem neunzehnten Jahrhundert waren ihm in den Sinn gekommen, wo aus dem Weiß des Papierblatts das Gesicht, der Hals, die entblößten Schultern emportauchten und alles übrige im Weißen verschwamm. Das war das Portrait außerhalb von Zeit und Raum, das ihm vorschwebte: er wußte nicht recht, wie man es machte, aber er war entschlossen, es zustande zu bringen. Er richtete den Scheinwerfer auf Bice, rückte den Apparat näher, wirtschaftete unter dem Tuch herum, um die Öffnung des Objektivs einzustellen. Er schaute. Bice war nackt.

Sie hatte das Kleid auf die Füße hinabgleiten lassen; darunter trug sie nichts; sie hatte einen Schritt vorwärts gemacht, nein, einen Schritt zurück, der wie ein Vorrükken der ganzen Gestalt im Bild war; sie stand gerade, hoch, vor dem Apparat, ruhig vor sich hinblickend, als wäre sie allein.

Antonino fühlte, wie ihr Anblick das ganze Blickfeld ausfüllte, es der Flut der zufälligen und fragmentarischen Bilder entzog, Zeit und Raum in einer vollendeten Form sammelte. Und als wären die Überraschung ihres Anblicks und die Belichtung der Platte zwei miteinander verbundene Reflexe, drückte er auf den Auslöser, lud den Apparat wieder auf, knipste, legte eine neue Platte ein, knipste, fuhr fort, Platten auszuwechseln, zu knipsen, und die ganze Zeit murmelte er unter dem Tuch hervor: »Ja, jetzt, so ist's recht, jawohl, noch einmal, so bekomme ich dich gut, nochmal.«

Er hatte keine Platten mehr. Er kam unter dem Tuch hervor. Er war zufrieden. Bice stand vor ihm, nackt, wartend.

»Jetzt kannst du dich anziehen«, sagte er, glücklich, aber schon in Eile, »laß uns fortgehen.«

Sie schaute ihn verwirrt an.

»Jetzt habe ich dich gehabt«, sagte er.

Bice brach in Tränen aus.

Antonino entdeckte am gleichen Tag, daß er in sie verliebt war. Sie begannen miteinander zu leben, und er kaufte die modernsten Apparate, Teleobjektive, perfekte Ausrüstungen, richtete ein Labor ein. Er hatte auch Vorrichtungen, um sie nachts photographieren zu können, wenn sie schlief. Bice erwachte unter dem Blitz, ärgerlich; Antonino knipste weiter, Bice, die sich aus dem Schlaf löste, Bice, die mit ihm zürnte, die vergeblich den Schlaf wiederzufinden suchte, indem sie das Gesicht im Kissen vergrub, Bice, die sich wieder versöhnte, die in diesen photographischen Vergewaltigungen Liebesakte erkannte.

Die Wände von Antoninos Labor waren mit Filmen und Photoabzügen bedeckt, und auf allen war Bice zu sehen, wie sich im Gitternetz eines Bienenstocks Tausende von Bienen zeigen, die immer dieselbe Biene sind: Bice in allen Stellungen, Verkürzungen, Kleidungen, Bice in Pose gestellt oder ohne ihr Wissen aufgenommen, eine in eine Staubwolke von Bildern zersplitterte Identität.

»Du mußt von Bice besessen sein. Kannst du nichts anderes photographieren?« Diese Frage hörte er immer wieder von seinen Freunden und auch von ihr.

»Es geht nicht einfach um Bice«, antwortete er. »Es ist eine Frage der Methode. Wenn du dich einmal entschließt, eine Person oder eine Sache zu photographieren, dann mußt du sie immer weiterphotographieren, nur diese, zu jeder Tages- und Nachtzeit. Die Photographie hat nur einen Sinn, wenn sie alle Möglichkeiten von Bildern erschöpft.«

Aber er erwähnte nicht, was ihm vor allem am Herzen lag: Bice auf der Straße einzufangen, wenn sie nicht wußte, daß er sie sah, sie unter den Beschuß versteckter Objektive zu nehmen, sie nicht nur zu photographieren, ohne sich blicken zu lassen, sondern ohne sie zu sehen, sie zu ertappen, wie sie war, wenn sie seinen Blick nicht auf sich fühlte, keinen Blick. Nicht, daß er etwas Besonderes hätte entdecken wollen; er war nicht eifersüchtig im üblichen Sinn des Wortes. Es war eine unsichtbare Bice, die er besitzen wollte, eine Bice, die absolut allein war, eine Bice, deren Gegenwart seine Abwesenheit und die aller anderen voraussetzte.

Ob man es als Eifersucht bezeichnen konnte oder nicht, es war auf alle Fälle eine schwer zu ertragende Leidenschaft. Bald darauf verließ Bice ihn.

Antonino verfiel in Depression. Er begann ein Tagebuch zu führen: photographisch selbstverständlich. Den Apparat umgehängt, im Haus eingeschlossen, in einen Lehnstuhl vergraben, knipste er verbissen den Blick ins Leere. Er photographierte die Abwesenheit Bices.

Er klebte die Photos in ein Album: da sah man Aschenbecher voller Stummel, ein ungemachtes Bett, einen feuchten Fleck auf der Mauer. Er verfiel auf die Idee, einen Katalog all jener Dinge zusammenzustellen, die nie photographiert werden, die sich nicht nur dem Objektiv der Kameras entziehen, sondern auch vom Menschen systematisch übersehen werden. Bei jedem Gegenstand verweilte er Tage, wobei er ganze Filmrollen verbrauchte; er photographierte ihn in Zwischenräumen von Stunden, so daß er die Veränderungen des Lichtes und der Schatten festhalten konnte. An einem Tag beschäftigte er sich nur mit einer leeren Ecke des Zimmers, mit einer Heizungsröhre und sonst nichts: er war versucht, diesen

Punkt und nur diesen bis ans Ende seiner Tage zu photographieren.

Er vernachlässigte die Wohnung, Blätter una alte Zeitungen lagen ausgebreitet auf dem Boden herum, und er photographierte sie. Die Photos in den Zeitungen wurden gleichfalls photographiert, und eine indirekte Verbindung zwischen seinem Objektiv und dem Photoreporter stellte sich her. Um jene schwarzen Flecken hervorzubringen, hatte sich die Linse anderer Objektive auf Angriffe der Polizei, ausgebrannte Autos, Athleten im Lauf, Minister, Angeklagte gerichtet.

Antonino empfand jetzt ein besonderes Vergnügen dabei, die häuslichen Gegenstände in ein Mosaik von Außenaufnahmen eingerahmt abzubilden, gewaltsame Tintenflecken auf weißen Blättern. Er überraschte sich dabei, das Leben des Photoreporters zu beneiden, der sich bewegte, der den Massenaufläufen folgte, dem vergossenen Blut, den Tränen, den Festen, dem Verbrechen, den Konventionen der Mode, der Falschheit der offiziellen Anlässe; der Photoreporter, der über die Extreme der Gesellschaft berichtete, über die Reichsten und über die Ärmsten, über die außergewöhnlichen Ereignisse, die sich dennoch in jedem Augenblick, an jedem Ort abspielten. »Soll das heißen, daß nur der Ausnahmezustand einen Sinn hat?« fragte sich Antonino. »Ist der Photoreporter der wahre Antagonist des Sonntagsphotographen? Schließen ihre Welten einander aus? Oder gibt die eine der anderen einen Sinn?« Damit begann er die in den Monaten seiner Leidenschaft angehäuften Photos mit und ohne Bice zu zerreißen, die an den Wänden aufgehängten Probeabzüge herunterzureißen, die Negative zu zerschnipseln, die Diapositive zu zerbrechen; die Abfälle dieser methodischen Zerstörung häufte er auf den am Boden ausgebreiteten Zeitungen auf.

»Vielleicht ist die wahre, totale Photographie«, dachte er, »ein Haufen von Bruchstücken privater Bilder, vor dem zerknitterten Hintergrund der Zerstörungen und der Krönungen.«

Er bog die Zipfel der Zeitungen zu einem riesigen Bündel zusammen, um es in den Kehricht zu werfen, zuvor aber wollte er es photographieren. Er ordnete die Zipfel so an, daß zwei Hälften von verschiedenen Zeitungsphotos gut zu sehen waren, die zufällig so lagen, daß sie zusammenpaßten. Er öffnete das Bündel sogar wieder ein wenig, damit ein Stückchen von dem Glanzpapier einer zerrissenen Vergrößerung herausragte. Er schaltete einen Scheinwerfer ein; er wollte, daß man auf seinem Photo die halb zusammengeknüllten und zerrissenen Bilder erkennen konnte, zugleich ihre Unwirklichkeit und Zufälligkeit begriff, aber auch ihre Wirklichkeit und Bedeutungsschwere, die Kraft, mit der sie sich an die Aufmerksamkeit anklammerten, die sie zu verjagen suchte.

Um das alles in eine Photographie hineinzubekommen, mußte man eine außergewöhnliche technische Gewandtheit erwerben, aber erst dann würde Antonino aufhören können zu photographieren. Wenn alle Möglichkeiten erschöpft waren, in dem Augenblick, da der Kreis sich schloß, so begriff Antonino, war Photographien zu photographieren der einzige Weg, der ihm blieb, der wahre Weg sogar, den er bis dahin dunkel gesucht hatte.

Abenteuer eines Reisenden

Federico V. lebte in einer oberitalienischen Stadt. Cinzia U., die Frau, die er liebte, wohnte in Rom. So oft es ihm seine Arbeit erlaubte, nahm er den Zug in die Hauptstadt. Gewohnt, sich seine Zeit genau einzuteilen, in der Arbeit wie im Vergnügen, reiste er immer bei Nacht: da gab es einen Zug, den letzten, der wenig benützt wurde – außer zu den Festtagen –, und Federico konnte sich hinlegen und schlafen.

Während der Tage, die Federico in seiner Heimatstadt verbrachte, fühlte er sich nervös und angespannt wie einer, der auf den Anschluß zwischen zwei Zügen wartet und, während er die Zeit mit bestimmten Tätigkeiten verbringt, immer die Abfahrtszeiten im Kopf hat. Aber wenn endlich der Abend der Abreise gekommen und alle Verpflichtungen erledigt waren und er sich mit der Reisetasche auf dem Weg zum Bahnhof befand, dann fühlte er, wie er allmählich, trotz der Hast den Zug nicht zu versäumen, von einem Gefühl innerer Ruhe durchdrungen wurde. Es war, als ob der ganze geschäftige Betrieb rund um den Bahnhof – der jetzt, zu dieser späten Stunde, in seinen letzten Zuckungen lag – in eine natürliche Bewegung eintreten würde und er ein Teil davon wäre. Alles schien dazu da zu sein, um seinen Schritten Schwung zu geben, wie der Kautschukfußboden des Bahnhofs. Auch die Hindernisse, das ungeduldige Warten am letzten noch offenen Fahrkartenschalter, die Schwierigkeit, eine große Banknote zu wechseln, das Fehlen von Kleingeld am Zeitungskiosk schienen da zu sein, weil es eine Freude war, sich ihnen entgegenzuwerfen und sie zu überwinden.

Nicht daß er sich diesen Gemütszustand hätte anmerken lassen: als gesetzter Mann legte er Wert darauf, sich nicht von den vielen anderen Reisenden zu unterscheiden, alle gleich ihm im Überzieher und mit einer Tasche in der Hand. Dennoch fühlte er sich wie auf dem Kamm einer Woge getragen, weil er zu Cinzia fuhr.

Seine Hand in der Tasche des Überziehers spielte mit einer Telefonmünze. Am nächsten Morgen würde er gleich nach dem Aussteigen in Rom-Termini mit der Münze in der Hand in die nächste Telefonzelle laufen, die Nummer wählen, sagen: »Liebes, weißt du, ich bin da!« Und er preßte die Münze, als wäre sie ein unersetzlicher Wertgegenstand, der einzige greifbare Beweis dafür, was ihn bei der Ankunft erwartete.

Die Reise war teuer, und Federico war nicht reich. Wenn sich in einem Waggon zweiter Klasse leere Abteile befanden, kaufte Federico eine Fahrkarte zweiter Klasse. Das heißt, er nahm immer die Fahrkarte zweiter Klasse, war diese jedoch überfüllt, so wechselte er in die erste über und nahm es in Kauf, dem Kontrolleur die Differenz zu bezahlen. Das gewährte ihm ein doppeltes Vergnügen: die Befriedigung, dank seiner Erfahrung eine überflüssige Ausgabe vermieden zu haben (der Zuschlag für die erste Klasse, zu verschiedenen Zeiten und mit dem Bewußtsein einer höheren Gewalt bezahlt, belastete ihn weniger) und ein Gefühl der Freiheit und Großzügigkeit im Handeln und Denken.

Wie manche Menschen, deren Leben mehr von anderen bestimmt wird und, von äußeren Umständen abhängig, zu zersplittern droht, strebte Federico unablässig danach, seine innere Ruhe und sein Gleichgewicht zu verteidigen, und in der Tat genügte ihm ganz wenig: ein Hotelzimmer, ein Bahnabteil für sich allein, und schon ordnete sich die Welt wieder in Harmonie mit seinem Leben, schien eigens für ihn erschaffen, und die Eisenbahn, welche die Orte der Halbinsel untereinander verband, eigens dazu gebaut, ihn im Triumph zu Cinzia zu tragen. An jenem Abend war auch die zweite Klasse fast leer. Alle Anzeichen waren günstig.

Federico V. wählte ein leeres Abteil, nicht über den Rädern, aber auch nicht zu weit im Inneren des Wagens, da er wußte, daß jemand, der in Eile einsteigt, gewöhnlich dazu neigt, an den ersten Abteilen vorbeizugehen. Will man im Liegen reisen, so ist es ratsam, den nötigen Platz mit winzigen psychologischen Mitteln zu verteidigen. Federico kannte alle und wendete sie an.

Zum Beispiel zog er die Vorhänge an der Türe zu, eine Geste, die übertrieben erscheinen mochte, aber gerade deshalb eine erstaunliche psychologische Wirkung erzielte. Vor den zugezogenen Vorhängen hat der neu Zugestiegene fast immer unwillkürlich Bedenken, er zieht ein offenes Abteil vor, selbst wenn es schon mit zwei oder drei Personen besetzt ist. Die Tasche, den Überzieher, die Zeitungen, Federico verstreute sie auf den Plätzen ihm gegenüber und neben sich. Eine weitere elementare Vorsichtsmaßnahme, mißbräuchlich und scheinbar zwecklos, aber auch die nützt. Nicht daß er diese Plätze als besetzt ausgeben wollte: eine solche Hinterlist hätte nicht zu seinem bürgerlichen Gewissen und seinem aufrichtigen Charakter gepaßt. Ihm genügte es, einen flüchtigen Eindruck von einem vollen und wenig einladenden Abteil zu schaffen, bloß einen raschen Eindruck.

Er ließ sich auf den Sitz fallen und seufzte erleichtert auf. Er hatte gelernt, daß eine anonyme, gleichförmige Umgebung, in der jedes Ding an seinem Platz war, ohne mögliche Überraschungen, ihm Ruhe und Selbstbewußtsein einflößte, seinen Gedanken freien Spielraum gab. Sein ganzes Leben war in Unordnung geraten, aber jetzt fand es ein vollkommenes Gleichgewicht zwischen innerem Antrieb und unbeweglicher Neutralität der Dinge. Es dauerte einen Augenblick (wenn er in der zweiten Klasse saß; eine Minute, wenn er erster Klasse fuhr), und alsbald fühlte er sich beengt: die Schäbigkeit des Abteils, der da und dort schadhafte Samt, der Verdacht auf herumfliegenden Staub, die verschossenen, schmuddeligen Vorhänge in den alten Wagen, all das stimmte ihn traurig, ihm wurde unbehaglich bei dem Gedanken, in den Kleidern zu schlafen auf einem Lager, das nicht sein eigenes war. Aber sogleich erinnerte er sich, warum er unterwegs war, und fühlte sich wieder von jenem natürlichen Rhythmus getragen, wie vom Meer oder Wind, heiter und beschwingt; er brauchte nur in sich hineinzuhorchen, wenn er die Augen schloß oder die Telefonmünze in der Hand preßte, und der trübselige Eindruck war überwunden, nur er allein stand dem Abenteuer seiner Reise gegenüber.

Aber etwas ging ihm noch ab. Da: er hörte die Baßstimme, die unter dem Perrondach näherkam: »Kissen!« und schon hatte er sich erhoben, ließ das Fenster herunter, streckte die Hand mit den zwei Hundertermünzen hinaus, rief: »Eines hierher!« Es war der Kissenmann, der jedesmal das Startzeichen zu seiner Reise gab. Er kam eine Minute vor der Abfahrt unter den Fenstern vorbei, den Karren mit den aufgehängten Kissen vor sich herschiebend: es war ein alter Mann, groß, mager, mit weißem Schnurrbart und großen Händen mit langen, dicken Fingern, Händen, die Vertrauen erwecken. Er war ganz in Schwarz: Militärmütze, Uniform, Mantel, den Schal eng um den Hals geschlungen. Ein Typ aus der Zeit König Umbertos; vielleicht ein alter Oberst, oder auch nur ein gewöhnlicher Wachtmeister. Oder ein Briefträger, ein alter Landpostbote: wenn er mit seinen großen Händen Federico das dünne Kopfkissen reichte, es nur an einem Zipfel hielt, sah es aus, als wollte er einen Brief übergeben oder ihn durch den Fensterschlitz einwerfen. Federico hielt das Kopfkissen in der Hand, viereckig, flach, wirklich wie ein Briefumschlag, und zudem mit Marken beklebt. Es war der tägliche Brief an Cinzia, der auch heute abend abging, nur war es statt des sehnsüchtigen

Schreibens diesmal Federico selbst, der den unsichtbaren Weg der nächtlichen Post nahm, der durch die Hand des alten Briefträgers ging, dieser letzten Verkörperung des rationalen und disziplinierten Nordens, bevor er zwischen die schwer zu bändigenden Leidenschaften des Südens geriet.

Aber vor allem war es ein Kopfkissen: weich (obgleich ein wenig zerdrückt) und weiß (wenn auch mit Marken besternt), chemisch gereinigt. Es enthielt in sich den Begriff des Bettes, der Behaglichkeit, der Intimität; es war eine Insel der Frische zwischen diesen verdächtigen, rauhen Samtpolstern. Nicht genug damit, vermittelte es einen Vorgeschmack auf ein anderes Behagen, eine andere Intimität und Süße, die zu genießen er sich nun auf die Reise begab; allein schon die Tatsache, sich auf die Reise zu begeben, schon das Entleihen des Kopfkissens war ein Genuß, hieß die von Cinzia beherrschte Dimension zu betreten, den von ihren weichen Armen umschlossenen Kreis.

Und es geschah mit einer liebevollen Bewegung, wie eine Liebkosung, daß der Zug zwischen den Pfeilern des Bahnsteigs dahinzurollen begann, sich durch die eisenbeschlagenen Lichtungen der Weichen schlängelte, sich in das Dunkel stürzte und eins wurde mit dem inneren Drang, den Federico bis jetzt in sich verspürt hatte. Als hätte das Anfahren des Zuges die Spannung in ihm gelöst, begann er den Rhythmus der Räder zu begleiten, indem er ein Lied summte, das ihm eben jener Rhythmus ins Gedächtnis rief: »J'ai deux amours ... Mon pays et Paris ... Paris toujours ...«

Ein Herr kam herein, Federico verstummte. »Frei?« Er setzte sich. Federico hatte im Geist bereits eine schnelle Rechnung gemacht: genau genommen ist es besser, zu zweit im Abteil zu sein, wenn man im Liegen reisen will; jeder legt sich auf eine Bank, und keiner wagt einen mehr zu stören; bleibt das halbe Abteil leer, steigt, wenn du es am wenigsten erwartest, eine sechsköpfige Familie mit Kindern ein, die nach Syrakus will, und du bist gezwungen aufzustehen. Federico wußte, daß es daher am gescheitesten war, wenn man in einem schwach besetzten Zug nicht in einem leeren Abteil Platz nahm, sondern in einem, wo bereits ein Reisender saß. Trotzdem tat er es nie: er blieb lieber solange wie möglich allein, und wenn ihm ein Reisegefährte beschieden war, der nicht nach seiner Wahl war, konnte er sich immer noch mit den Vorteilen der neuen Situation trösten.

So machte er es auch jetzt: »Fahren Sie bis Rom?« fragte er den neu Zugestiegenen, um hinzufügen zu können: »Gut, dann ziehen wir die Vorhänge zu, knipsen das Licht aus und lassen niemand mehr herein.« Statt dessen antwortete der Mann: »Nein. Nach Genua.«

»Ausgezeichnet, daß er in Genua aussteigt«, dachte Federico. »Dann bin ich wieder allein.« Aber für eine Reise von wenigen Stunden würde er sich nicht hinlegen, wahrscheinlich würde er wachbleiben, würde das Licht nicht ausknipsen, und andere Leute würden an den Zwischenstationen einsteigen können. So brachte er Federico nur die Nachteile einer Reisebegleitung, ohne die entsprechenden Vorteile.

Aber er hielt sich nicht länger darüber auf. Seine Stärke war es immer gewesen, aus seinen Gedanken alle Aspekte der Wirklichkeit zu verbannen, die ihn störten oder ihm nichts nützten. Er löschte den ihm gegenübersitzenden Mann aus, bis er nur mehr ein Schatten war, ein grauer Fleck, und versteckte sich ebenso wie der andere hinter seiner Zeitung. Federico konnte in seinem Liebesflug weiterschweben. »Paris toujours...« Keiner konnte sich vorstellen, daß er im Begriff war, dem trübseligen täglichen Trott zu entfliehen und in die Arme einer Frau wie Cinzia zu fliegen. Und um dieses stolze Gefühl zu nähren, betrachtete Federico seinen Reisegefährten (auf den er bis jetzt noch keinen Blick geworfen hatte), um – mit der Grausamkeit des Neureichen – die eigene glückliche Lage mit der grauen Eintönigkeit der übrigen Existenzen zu vergleichen.

Der Unbekannte sah durchaus nicht niedergedrückt aus. Er war noch jung, kräftig, wohlgenährt; er machte einen zufriedenen, aktiven Eindruck, las eine Sportzeitung, neben ihm stand eine dicke Aktentasche, kurzum: der Typ des erfolgreichen Handelsvertreters. Für einen Augenblick spürte Federico den Neid, den ihm Leute einflößten, die praktischer und vitaler aussahen als er; aber es war ein augenblicklicher Eindruck, den er sogleich wegwischte, indem er dachte: »Er ist Reisender in Blech oder Lack; während ich ...« und wieder überkam ihn die Lust zu singen. »Je voyage en amour!« summte er in Gedanken im Rhythmus des fahrenden Zuges und unterlegte der Melodie neue Worte, eigens erfunden, um den Vertreter zu ärgern, wenn er ihn hätte hören können. »Je voyage en volupté!«, indem er in den Aufschwung und das Absinken des Motivs so viel Nachdruck legte wie er konnte. »Je voyage toujours ... l'hiver et l'été ...« So steigerte er sich immer mehr hinein, »l'hiver et l'été!« bis zu dem Punkt, wo ein seliges Lächeln auf seinen Lippen erschien. In dem Augenblick bemerkte er, daß der Vertreter ihn anstarrte.

Er nahm sogleich wieder eine unbeteiligte Miene an, konzentrierte sich auf die Zeitungslektüre, und versuchte auch vor sich selber abzuleugnen, daß er sich vor einer Sekunde kindisch benommen hatte. Kindisch: warum eigentlich? Da war nichts Kindisches: die Reise versetzte ihn in eine gelöste Stimmung, eine dem reifen Manne sogar angemessene Stimmung, dem Mann, der das Böse und das Gute des Lebens kennt und sich jetzt anschickt, das Gute verdienterweise zu genießen. Ruhig, in vollkommenem Seelenfrieden, blätterte er in den Illustrierten, bruchstückartigen Bildern eines hastigen, aufgeregten Lebens, in welchem er etwas von dem suchte, was auch ihn bewegte. Bald erkannte er, daß die Zeitschriften ihn überhaupt nicht interessierten, nichts als Belanglosigkeiten, Spuren eines Lebens, das nur an der Oberfläche verlief. Wie viel tiefer gingen da seine eigenen Gefühle. »L'hiver et... l'été!« Jetzt war es Zeit, sich schlafen zu legen.

Er hatte unerwartetes Glück: der Vertreter war im Sitzen eingeschlafen, ohne die Stellung zu ändern, mit der Zeitung auf den Knien. Federico befremdeten Leute, die fähig waren, im Sitzen einzuschlafen, er beneidete sie nicht einmal: für ihn setzte das Einschlafen im Zug ein minuziöses Ritual voraus, aber gerade darin bestand das schwierige Vergnügen seiner Reisen.

Als erstes mußte er die gute Hose gegen eine gewöhnliche auswechseln, um nicht ganz zerknittert anzukommen. Diese Handlung mußte in der Toilette vorgenommen werden; aber vorher – um mehr Bewegungsfreiheit zu haben – war es besser, die Schuhe mit den Pantoffeln zu vertauschen. Federico nahm die Alltagshose aus der Reisetasche, den Beutel mit den Pantoffeln, zog die Schuhe aus und die Pantoffeln an, verbarg die Schuhe unter dem Sitz, ging zur Toilette, um die Hose zu wechseln. »Je voyage toujours!« Er kam zurück, brachte die gute Hose so auf dem Gepäcknetz unter, daß sie die Bügelfalte nicht verlor. »Tralala-la!« Er legte das Kissen ans obere Ende des Sitzes auf der Seite des Korridors, weil es besser war, durch das schroffe Geräusch sich öffnender Türen geweckt, als beim Erwachen plötzlich geblendet zu werden. »Du voyage, je sais tout!« Auf das andere Ende des Sitzes legte er eine Zeitung, weil er sich nicht unbeschuht, sondern in Pantoffeln hinlegte. An einem Haken oberhalb des Kissens hängte er die Jacke auf, steckte Geldbeutel und Brieftasche in die Jackentasche, weil sie ihm im Liegen in der Hosentasche unbequem gewesen wären. Die Fahrkarte dagegen verwahrte er in dem Täschchen unter dem Gürtel. »Je sais bien voyager...« Er tauschte den guten

Pullover gegen einen alten aus; das Hemd würde er am nächsten Morgen wechseln. Der Vertreter, der erwacht war, als Federico ins Abteil zurückkam, verfolgte sein Herumwirtschaften etwas verständnislos. »Jusqu' à mon amour...« Er legte die Krawatte ab und hängte sie auf, nahm die Stäbchen aus dem Hemdkragen und steckte sie in eine Jackentasche, zusammen mit dem Geld... »...j'arrive avec le train!« Er legte die Hosenträger (wie alle Männer, denen es nicht in erster Linie um äußere Eleganz geht, trug er Hosenträger) und die Sockenhalter ab, öffnete den obersten Hosenknopf, damit er ihn nicht auf den Bauch drückte. »Tralala-la!« Über den Pullover zog er nicht mehr die Jacke, sondern den Überzieher, nachdem er die Hausschlüssel aus der Tasche genommen hatte; dagegen behielt er die kostbare Telefonmünze mit dem gleichen sehnsüchtigen Fetischismus zurück, mit dem Kinder ihr Lieblingsspielzeug unter das Kopfkissen legen. Den Überzieher knöpfte er ganz zu, schlug den Kragen hoch; wenn er sich ein wenig in acht nahm, konnte er darin schlafen, ohne daß eine Falte zurückblieb. »Maintenant voilà!« Im Zug zu schlafen bedeutete, mit glatten Haaren aufwachen zu müssen, weil man womöglich am Bahnhof ankam, ohne noch Zeit für einen Strich mit dem Kamm zu haben; deshalb stülpte er sich eine Baskenmütze auf den Kopf. »Je suis prêt, alors!« Er schwankte in dem Überzieher durch das Abteil, der ohne die Jacke wie ein Priestergewand an ihm herabhing, spannte die Vorhänge über die Türe, indem er sie so weit herunterzog, bis sie mit den ledernen Knopflöchern die Metallknöpfe erreichten. Er deutete eine Bewegung gegen den Reisegefährten an, wie um ihn um Erlaubnis zu bitten, das Licht zu löschen: der Vertreter schlief. Im blauen Halbdunkel der Sicherheitslampe schlich er noch hinüber, um die Fenstervorhänge zu schließen oder vielmehr halb zu schließen, denn hier ließ er immer einen Spalt offen: es gefiel ihm, am Morgen durch einen Sonnenstrahl geweckt zu werden. Noch eine Handlung: die Uhr aufziehen. So, nun konnte er sich hinlegen. Mit einem Ruck hatte er sich waagrecht auf den Sitz geworfen, in Seitenlage, den Überzieher glatt, die Beine darin angezogen, die Hände in der Tasche, die Telefonmünze in der Hand, die Füße – immer in den Pantoffeln – auf der Zeitung, die Nase im Kissen, die Mütze über den Augen. Nun würde er, mit einem genußvollen Entspannen seiner ganzen fieberhaften inneren Aktivität, dem kommenden Morgen entgegenschlafen.

Das barsche Eindringen des Zugschaffners (er öffnete die Türe mit einem Ruck und knöpfte mit sicherer Hand in einer einzigen Bewegung die zwei Vorhänge auf, während er die andere Hand hob, um Licht zu machen) war vorausgesehen. Federico zog es jedoch vor, es nicht abzuwarten: wenn er käme, bevor er eingeschlafen war, gut; wenn der erste Schlaf schon begonnen hatte, unterbrach ihn eine gewohnte und anonyme Erscheinung wie die des Schaffners nur für wenige Sekunden, so wie einer, der auf freiem Feld schläft, beim Schrei eines Nachtvogels wieder aufwacht, sich dann aber auf die andere Seite dreht und sich fühlt, als ob er überhaupt nicht aufgewacht wäre. Gewöhnlich hielt Federico die Fahrkarte in der Tasche bereit und streckte sie hin, ohne sich zu erheben, fast ohne die Augen zu öffnen, mit geöffneter Hand verharrend, bis er sie wieder zwischen den Fingern spürte; er steckte sie dann wieder ein und würde jedesmal sofort wieder weitergeschlafen haben, wenn er nicht häufig eine Handlung zu vollbringen gehabt hätte, die seinen ganzen vorherigen Bemühungen, sich während der Fahrkartenkontrolle nicht zu bewegen, nutzlos machten: nämlich aufzustehen, um die Vorhänge wieder einzuknöpfen. Diesmal war er noch wach, und die Kontrolle dauerte etwas länger als gewöhnlich, weil der mitten im Schlaf angetroffene Vertreter länger brauchte, um wach zu werden und die Fahrkarte zu finden. »Er hat nicht meine schnelle Reaktionsfähigkeit«, dachte Federico und benützte die Gelegenheit, um ihn mit neuen Varianten seines imaginären Liedes zu hänseln: »Je voyage l'amour ...«, summte er. Die Idee, das Wort »voyager« transitiv zu gebrauchen, gab ihm das Empfinden der Erfülltheit, das auch die kleinsten poetischen Einfälle geben, und die Befriedigung, endlich einen Ausdruck gefunden zu haben, der seinem Seelenzustand entsprach. »Je voyage amour! Je voyage liberté! Jour et nuit je cours ... par les chemins-defer ...«

Im Abteil war es wieder dunkel geworden. Der Zug verschlang die Distanzen. Konnte Federico mehr vom Leben verlangen? Von solcher Zufriedenheit zum Schlaf ist es ein kurzer Schritt. Federico schlief ein, als versänke er in einem Brunnen voll Federn. Fünf oder sechs Minuten nur, dann wachte er auf. Es war ihm warm, er war in Schweiß gebadet. Die Waggons waren geheizt, da es bereits Spätherbst war, aber er hatte sich in Erinnerung der Kälte bei seiner letzten Reise mit dem Überzieher hinlegen wollen. Er erhob sich, zog ihn aus, warf ihn wie eine Decke über sich, und zwar so, daß Schultern und Brust freiblieben, aber möglichst keine häßlichen Knitterfalten entstanden. Er drehte sich auf die andere Seite. Der Schweiß hatte einen Juckreiz ausgelöst. Er knöpfte das Hemd auf, kratzte sich an der Brust, kratzte sich an einem Bein. Die unnatürliche Lage auf der zu kurzem Sitzbank rief Gedanken an Freiheit, an Meer, an Nacktheit, Schwimmen, Laufen in ihm wach, und all das gipfelte in der Umarmung Cinzias, höchstem Glück des Daseins. Und da, zwischen Schlaf und Wachen, unterschied er auch das gegenwärtige Unbehagen nicht mehr von dem ersehnten Glück, hatte alles gleichzeitig, weidete sich an einem Unbehagen, das jedes nur mögliche Wohlbehagen voraussetzte und gewissermaßen in sich enthielt. Die Lautsprecher der Stationen, die ihn von Zeit zu Zeit aufweckten, waren nicht ganz so unangenehm wie man vermuten könnte. Aufwachen und sofort zu wissen, wo man sich befand, gab zwei verschiedene Möglichkeiten der Befriedigung: wenn man eine Station weiter war als angenommen: »So lang habe ich geschlafen! Diese Reise mache ich, ohne etwas davon zu merken!«, und wenn es sich noch um eine frühere Station handelte: »Gut, ich habe noch Zeit genug, um wieder einzuschlummern und unbesorgt weiterzuschlafen.« Federico V. befand sich noch im zweiten Fall. Der Vertreter war immer noch da, nun schlief auch er im Liegen, mit einem weichen Schnarchen. Federico war es noch immer warm. Er stand halb schlafend auf, suchte tastend nach dem Regler der elektrischen Heizung, fand ihn an der Wand gegenüber, gerade über dem Kopf des Reisegefährten, streckte die Hände aus, während er sich nur auf einem Fuß im Gleichgewicht hielt, weil ihm ein Pantoffel heruntergerutscht war, drehte ärgerlich den Griff auf ›klein‹. Der Vertreter mußte im selben Augenblick die Augen öffnen und die gekrümmte Hand über seinem Kopf sehen: er machte einen Schluchzer, schluckte Speichel, fiel dann ins Ungewisse zurück. Federico warf sich auf sein Lager, der elektrische Regler begann zu summen, ließ ein rotes Lämpchen aufleuchten, als ob er eine Erklärung versuchte, ein Zwiegespräch. Federico wartete ungeduldig darauf, daß die Hitze nachließ, stand auf, um das Fenster einen Spalt breit herunterzulassen, dann fuhr der Zug schneller, es wurde kalt und er machte das Fenster wieder zu, rückte den Regler ein wenig in Richtung ›mittel‹. Mit dem Gesicht auf seinem Kissen horchte er eine Zeitlang auf die Summtöne des Reglers wie auf geheimnisvolle Botschaften außerirdischer Wesen. Der Zug durcheilte die Erde, überwölbt von unendlichen Räumen, und in dem ganzen Weltall war er, und er allein, der Mann, der zu Cinzia eilte.

Das nächstemal weckte ihn der Ruf des Kaffeeverkäufers an der Station Principe. Der Vertreter war verschwunden. Federico verstopfte sorgfältig jedes Loch seiner Vorhangmauer und horchte aufmerksam auf jeden Schritt, der im Korridor näherkam, auf das Gleiten von Abteiltüren. Nein, es kam niemand herein. Aber in Genua-Brignole öffnete sich die Tür einen Spalt, eine Hand erschien, versuchte die Vorhänge loszumachen, brachte es nicht zustande, eine Stimme rief im Dialekt den Gang hinunter: »Kommt! Hier ist's leer!« Ein schwerfälliges Scharren von Stiefeln antwortete, abgerissene Laute, vier Alpini-Soldaten kamen in das Dunkel des Abteils und setzten sich beinahe auf Federico. Während sie sich über ihn beugten wie über ein unbekanntes Tier: »Was ist denn das da?«, richtete er sich mit einem Ruck auf den Ellenbogen auf und fuhr sie an: »Gibt es denn kein anderes Abteil?« »Nein, alles voll«, antworteten sie, »aber wir setzen uns schon auf diese Seite, lassen Sie sich nicht stören.« Sie waren an die barschen Umgangsformen gewohnt und machten sich nichts daraus, daß er sie angefahren hatte; lärmend ließen sie sich auf die Sitze fallen. »Fahrt ihr weit?« fragte Federico besänftigt. Nein, sie würden bei einer der nächsten Stationen aussteigen. »Und Sie, wohin fahren Sie?« »Nach Rom.« Ihr Ton staunenden Bedauerns tat Federico gut; er spürte, wie ihn eine Welle des Stolzes durchflutete.

So ging die Reise weiter. »Könnt ihr das Licht ausmachen?« Sie löschten das Licht und blieben ohne Gesicht im Dunkel, lärmend, beengt, Schulter an Schulter. Einer hob den Fenstervorhang und schaute hinaus, die Nacht war klar, Federico sah im Liegen nur den Himmel und von Zeit zu Zeit Lichter und Signale einer kleinen Station. Die Alpini waren rauhe Bauernburschen, sie gingen auf Urlaub nach Hause, hörten nicht auf, laut zu reden und einander zu hänseln; hie und da versetzten sie sich im Finstern Stöße und Püffe, außer einem, der schlief, und einem, der hustete. Sie sprachen einen finsteren Dialekt, Federico schnappte dann und wann ein Wort auf, von der Kaserne, vom Bordell. Im Grunde genommen konnte er ihnen jedoch nicht feind sein. Jetzt war er mit ihnen zusammen, sozusagen einer von ihnen, und fühlte sich eins mit ihnen, um des Vergnügens willen, sich morgen an Cinzias Seite zu denken. Aber nicht, um sich ihnen überlegen zu fühlen, wie bei dem Vertreter vorhin; jetzt blieb er insgeheim auf ihrer Seite, es war mit ihrer unbewußten Zustimmung, daß er zu Cinzia ging; in alledem, was am fernsten von ihr war, lag eine Bedeutung: sie zu haben, das Gefühl, derjenige zu sein, der sie hatte.

Jetzt kribbelte es Federico im Arm. Er hob ihn hoch, schüttelte ihn, das Kribbeln verging nicht, verwandelte sich in Schmerz, der Schmerz langsam in Wohlgefühl, und er schwang den gekrümmten Arm durch die Luft. Die Alpini schauten ihn alle vier mit offenem Mund an. »Was hat er bloß? ... Träumt er vielleicht? ... Aber was macht er denn, sag' ...« Dann gingen sie in ihrer jugendlichen Sprunghaftigkeit dazu über, einander zu hänseln. Federico suchte den Blutkreislauf im Bein wieder in Gang zu bringen, indem er den Fuß auf den Boden stellte und fest aufstampfte.

Zwischen Halbschlaf und lauter Fröhlichkeit verging eine Stunde. Und er war ihnen nicht feind; vielleicht war er niemand feind; vielleicht war er ein guter Mensch geworden. Er ärgerte sich nicht einmal, als sie kurz vor ihrer Station hinausgingen und dabei Tür und Vorhänge sperrangelweit offen ließen. Er stand auf, verbarrikadierte sich wieder, genoß von neuem das Gefühl des Alleinseins, aber ohne Groll gegen irgend jemand.

Er bekam jetzt kalte Beine. Er stopfte die Hosenaufschläge in die Socken, aber er fror noch immer. Er wickelte sich die Schöße des Überziehers um die Beine. Jetzt wurde es ihm kalt um den Magen und die Schultern. Er stellte den Regler bis fast auf ›warm‹, wickelte sich wieder ein, tat, als bemerkte er nicht, daß der Überzieher häßliche Falten bekam, obwohl er sie unter sich spürte; jetzt war ihm sein unmittelbares Wohlbefinden wichtiger als alles andere; das Bewußtsein, gegen den Nächsten gut zu sein, trieb ihn an, gegen sich selber gut zu sein und in dieser allgemeinen Nachsicht den Schlaf wiederzufinden. Er schlief; erwachte er, so geschah es nur für Sekunden. Das Eintreten des Schaffners mit seiner sicheren Bewegung beim Öffnen der Vorhänge war von den unsicheren Versuchen der nächtlichen Reisenden gut zu unterscheiden, die an einer Zwischenstation eingestiegen und angesichts einer Reihe von Abteilen mit geschlossenen Vorhängen verwirrt waren. Ebenso professionell, aber schroffer, finsterer, war das Erscheinen des Kriminalbeamten, der dem Schlafenden plötzlich ins Gesicht leuchtete, ihn forschend ansah, die Lampe löschte, schweigend hinausging und einen Hauch von Gefängnisluft hinter sich ließ. Dann kam ein Mann herein, an irgendeiner in der Nacht begrabenen Station. Federico bemerkte ihn, als er sich schon in eine Ecke gekauert hatte, und aus dem feuchten Geruch des Überziehers entnahm er, daß es draußen regnete. Als er wieder aufwachte, war der Mann verschwunden, an irgendeiner unsichtbaren Station, und war für ihn nichts weiter gewesen als ein Schatten, der nach Regen roch, und ein schwerer Atem.

Er fror; er drehte den Regler auf ›heiß‹, dann langte er mit der Hand unter die Sitze, um das Zunehmen der Wärme zu spüren. Man merkte nichts; er tastete herum; die Heizung schien kalt geworden zu sein. Er zog den Überzieher wieder an, dann zog er ihn aus, suchte den guten Pullover, zog den alten aus und den guten an, zog den alten darüber, schlüpfte wieder in den Überzieher, drückte sich in die Ecke und suchte von neuem das Gefühl wiederzufinden, das ihn zuvor in den Schlaf getragen hatte, er vermochte sich an nichts mehr zu erinnern; als ihm das Lied wieder einfiel, war er schon eingeschlafen, und sein Rhythmus wiegte ihn weiter in den Schlaf.

Das erste Morgenlicht kam durch die Spalten des Vorhangs und der Ruf »Heißer Kaffee!... Zeitungen!« auf irgendeiner Station, vielleicht noch in der Toskana oder schon in Latium. Es regnete nicht, hinter den nassen Fensterscheiben schien der Himmel noch fast sommerlich. Der Wunsch nach etwas Warmem und die Gewohnheit des Stadtmenschen, jeden Morgen mit dem Durchblättern der Zeitungen zu beginnen, war so groß, daß Federico meinte, er müßte ans Fenster stürzen und Kaffee oder die Zeitung oder beides kaufen. Aber es gelang ihm so gut sich einzureden, noch zu schlafen und nichts gehört zu haben, daß diese Überzeugung noch weiterwirkte, auch als das Abteil sich wie üblich in Civitavecchia mit Leuten füllte, die mit dem Frühzug nach Rom fahren. Sein Schlaf in diesen ersten Morgenstunden war fest und tief. Als er wirklich erwachte, wurde er vom Licht geblendet, das durch alle Fenster hereinkam. Die Vorhänge waren längst zurückgezogen. Auf der Bank gegenüber waren viel mehr Leute, als dort nach seiner Meinung eigentlich Platz haben konnten, ein Kind saß auf den Knien einer dicken Frau, und ein Mann auf seiner eigenen Sitzbank, auf dem von seinen zusammengekrümmten Beinen freigelassenen Platz. Die Gesichter der Männer glichen sich nicht, aber alle hatten sie etwas Beamtenhaftes, nur ein Fliegeroffizier war darunter, mit der Uniform voller Bändchen; auch den Frauen sah man an, daß sie unterwegs waren, um Verwandte zu besuchen, die in irgendeinem Ministerium tätig waren, jedenfalls waren es alles Leute, die nach Rom fuhren, um amtliche Angelegenheiten für sich oder andere zu erledigen. Und sie alle beobachteten Federico, der da in der Höhe ihrer Knie ausgestreckt lag, unförmig, in seinen Überzieher eingewickelt, ohne Füße wie ein Seehund, der sich langsam von dem mit Speichel befleckten Kissen löste und sich ungekämmt, die Baskenmütze auf dem Kopf, eine Wange von den Falten des Futters zerknittert, aufrichtete, sich mit ungelenken Bewegungen streckte und allmählich den

Gebrauch seiner Beine wiederfand, in die Pantoffeln schlüpfte, wobei er den Fuß verwechselte, und sich jetzt aufknöpfte und zwischen den übereinandergezogenen Pullovern kratzte, die noch verkrusteten Augen über die Mitreisenden hinwandern ließ und lächelte.

Vor den Fenstern dehnte sich die römische Campagna. Federico blieb eine Weile mit den Händen auf den Knien sitzen, immer noch lächelnd, dann bat er mit einer Bewegung um die Erlaubnis, die Zeitung von den Knien seines Gegenübers nehmen zu dürfen. Er überflog die Überschriften, empfand wie immer das Gefühl, sich in einem fernen Land zu befinden, betrachtete die Bogen der Aquädukte, die vor dem Fenster vorüberliefen, gab die Zeitung zurück, stand auf, um in der Reisetasche nach dem Necessaire zu suchen.

Am Bahnhof Termini war er der erste, der vom Trittbrett heruntersprang, frisch wie eine Rose. In der Hand preßte er die Telefonmünze. In den Nischen zwischen den Pfeilern und Verkaufsständen warteten die grauen Telefone nur auf ihn. Er warf die Münze ein, wählte die Nummer, hörte das »Pronto ...« von Cinzia, noch duftend von Schlaf und weicher Wärme, und war bereits in der Spannung ihrer gemeinsam verbrachten Tage, im aussichtslosen Kampf mit den dahinrinnenden Stunden, und begriff, daß er ihr nichts von dem würde sagen können, was jene Nacht für ihn bedeutet hatte, die er schon, wie jede vollkommene Liebesnacht, beim grausamen Hereinbrechen des Tages entschwinden fühlte.

Abenteuer eines Poeten

Die kleine Insel hatte hohe, felsige Ufer, auf denen das dichte und niedrige Gestrüpp der widerstandsfähigen Meeresvegetation wuchs. Am Himmel flogen Möwen. Es war eine kleine Insel in der Nähe der Küste, einsam und unbebaut: in einer halben Stunde konnte man in einem Schiff um sie herum fahren oder auch in einem Schlauchboot, wie die beiden, die sich dort vorwärtsbewegten, der Mann ruhig paddelnd, die Frau ausgestreckt in der Sonne. Beim Näherkommen horchte der Mann auf. »Was hast du gehört?« fragte sie.

»Die Stille«, sagte er. »Auf Inseln herrscht eine Stille, die man hört.«

Tatsächlich besteht jede Stille aus dem Netz der winzigen Geräusche, das sie umhüllt: die Stille der Insel unterschied sich von der des ruhigen, sie umgebenden Meeres, denn sie war erfüllt vom Knistern der Pflanzen, vom Gezwitscher der Vögel oder von einem plötzlichen Flügelschlag.

Unterhalb der Felsen war das Wasser in diesen windstillen Tagen grell blau, durchsichtig, bis zum Grund von den Strahlen der Sonne durchleuchtet. In den Felsklippen öffneten sich Eingänge zu Grotten, in die die beiden im Boot träge hineinfuhren, um sie zu erforschen.

Es war eine noch kaum vom Fremdenverkehr berührte Küste im Süden, und die beiden waren Badegäste, die von auswärts kamen. Er ein gewisser Usnelli, ein recht bekannter Dichter; sie, Delia H., eine sehr schöne Frau.

Delia war eine leidenschaftliche, geradezu fanatische Bewunderin des Südens, und in dem Boot ausgestreckt, sprach sie in anhaltender Verzückung von all dem, was sie sah, vielleicht mit einem polemischen Unterton

Usnelli gegenüber, der zum ersten Mal in dieser Gegend war und ihr nicht genügend an ihrem Enthusiasmus teilzunehmen schien.

»Warte«, sagte Usnelli, »warte.«

»Auf was warten?« fragte sie. »Was willst du Schöneres?«

Er, der sich (von Natur aus und durch schriftstellerische Erziehung) Gefühlen und Worten gegenüber, die andere vor ihm ausgesprochen, mißtrauisch zeigte und mehr daran gewöhnt war, versteckte und geheime Schönheiten zu entdecken als jene offenkundigen und unbestreitbaren, befand sich dennoch in angespannter Erregung. Glück war für Usnelli ein schwebender Zustand. Leben mit angehaltenem Atem. Seit er Delia liebte, sah er seine vorsichtige, geizende Beziehung zur Welt in Gefahr, doch wollte er auf nichts verzichten, weder auf sich noch auf das Glück, das sich ihm eröffnete. Jetzt war er auf der Hut, als ob jede Stufe der Vollendung, die die Natur um sie herum erreichte – das Klarerwerden des blauen Wassers, das verbleichende Grün der Küste, das Aufblitzen einer Fischflosse, dort wo die Oberfläche des Meeres am glattesten war – nur eine andere, höhere Stufe vorwegnähme, und immer so weiter, bis zu dem Augenblick, in dem die unsichtbare Linie des Horizontes sich wie eine Auster öffnen und plötzlich einen anderen Planeten oder ein neues Wort enthüllen würde.

Sie fuhren in eine Grotte. Anfangs war sie breit, fast ein abgeschlossener, hellgrüner See unter einem hohen Felsbogen. Tiefer hinein zwängte sie sich in einen dunklen, unterirdischen Gang. Der Mann mit den Paddeln ließ das Boot sich um sich selber drehen, um die verschiedenen Lichteffekte betrachten zu können. Das Tageslicht, das durch den ausgezackten Riß der Öffnung drang, blendete mit Farben, die durch den Kontrast noch kräftiger zu sein schienen. Das Wasser funkelte dort, und blitzende Klingen tanzten in die Höhe und stritten mit den weichen

Schatten, die sich auf dem Grunde ausdehnten. Reflexe und Glanzlichter übertrugen auch auf den Fels der Wände und Gewölbe die Unstetigkeit des Wassers.

»Hier versteht man die Götter«, sagte die Frau.

»Hm«, machte Usnelli. Er war nervös. Seine Gedanken, daran gewöhnt, Eindrücke in Worte zu übersetzen, versagte jetzt, und er konnte auch nicht eines formulieren.

Sie drangen tiefer in die Höhle ein. Das Boot fuhr über ein Riff: ein Felsrücken dicht an der Oberfläche; dann schaukelte es über einzelne Lichter, die bei jedem Ruderschlag auftauchten und wieder verschwanden: das übrige war tiefes Dunkel; das Ruderblatt stieß von Zeit zu Zeit an eine Wand. Delia hatte sich zurückgewandt und sah das blaue Auge des offenen Himmels, das ständig seine Umrisse wechselte.

»Ein Krebs! Ein großer! Da!« schrie sie und erhob sich.

Das Echo wiederholte ihren Ausruf.

»Echo!« stellte sie zufrieden fest und begann Worte hinein in das düstere Gewölbe zu rufen: Beschwörungen, Gedichte.

»Du auch! Ruf auch du etwas! Wünsch dir etwas!« sagte sie zu Usnelli.

»Oooh ...«, machte Usnelli. »Hallooo ... Echooo.«

Das Boot streifte ab und zu den Grund. Das Dunkel wurde tiefer.

»Ich habe Angst. Wer weiß, wie viele Tiere es hier gibt!«

»Noch kommen wir durch.«

Usnelli bemerkte, daß er dem Dunkel zusteuerte wie ein Tiefseefisch, der das helle Wasser flieht.

»Ich habe Angst, drehen wir um«, drang sie in ihn.

Auch ihm war im Grunde die Freude am Schrecklichen fremd. Er ruderte zurück. Dort, wo die Grotte sich erweiterte, wurde das Wasser kobaltblau.

»Ob es hier Tintenfische gibt?« fragte Delia.

»Man würde sie sehen. Das Wasser ist durchsichtig.«

»Dann schwimme ich.«

Sie ließ sich vom Boot gleiten, stieß sich ab, schwamm in diesem unterirdischen See, und ihr Körper erschien einmal weiß (als ob das Licht jede Farbe von ihr abzöge), einmal so blau wie das sie umgebende Wasser.

Usnelli hatte aufgehört zu rudern; immer noch hielt er den Atem an. In Delia verliebt zu sein, war für ihn stets so gewesen wie im Spiegel dieser Grotte: in eine Welt eintreten, die jenseits der Worte lag. Im übrigen war unter allen seinen Gedichten nie ein Liebesgedicht gewesen, auch nicht eines.

»Komm näher«, sagte Delia. Sie hatte sich beim Schwimmen das Fetzchen Stoff abgestreift, das ihre Brust bedeckte, und warf es auf den Rand des Bootes.

»Einen Augenblick.« Sie löste auch das andere Stück, das sie um die Hüften geschlungen hatte, und reichte es Usnelli.

Jetzt war sie nackt. Die weißere Haut auf Brust und Hüften unterschied sich kaum vom übrigen Körper, da ihre ganze Gestalt eine bläuliche, medusenhafte Helle ausstrahlte. Sie schwamm mit trägen Bewegungen auf einer Seite, das Gesicht, das einen entschlossenen, fast ironischen, statuenhaften Ausdruck trug, kaum aus dem Wasser hebend, nur manchmal zeigte sie auch die Rundung einer Schulter und die weiche Linie des ausgestreckten Armes. Der andere Arm bedeckte und enthüllte mit zärtlichen Bewegungen den hohen Busen, der sich zu den Spitzen hin straffte. Die Beine bewegten sich kaum im Wasser, sie hielten den glatten Leib, auf dem der Nabel sich abzeichnete, wie eine leichte Spur im Sand, und die Scham wie der Abdruck eines Seetieres. Die im Wasser sich brechenden Sonnenstrahlen streiften sie, als ob sie sie bald bekleideten, bald wieder entblößten.

Dann gingen ihre Schwimmbewegungen in eine Art

Tanz über; halb auf dem Wasser schwebend, breitete sie, ihn anlächelnd, mit einer weichen Drehung der Schultern und Handgelenke die Arme aus; und mit einem Schwung des Knies ließ sie den gebogenen Fuß auftauchen wie einen kleinen Fisch.

Usnelli auf dem Boot war ganz Auge. Er verstand, daß ihm das Leben jetzt etwas gab, was nicht allen mit offenen Augen zu sehen vergönnt ist, etwas wie das blendendste Innere der Sonne. Und in diesem Inneren der Sonne war Stille. Alles, was in diesem Augenblick geschah, konnte in nichts anderes übersetzt werden, vielleicht nicht einmal in Erinnerung.

Jetzt schwamm Delia auf dem Rücken, zur Sonne hingewendet, dem Ausgang der Grotte entgegen. Sie stieß mit leichten Bewegungen der Arme dem Freien entgegen, und unter ihr wurde das Blau des Wassers stufenweise immer heller und leuchtender.

»Gib acht! Zieh dich an! Draußen kommen Boote.«

Delia war schon zwischen den Klippen unter freiem Himmel. Sie tauchte unter das Wasser, streckte den Arm aus, Usnelli reichte ihr die spärlichen Kleidungsstücke, sie streifte sie sich schwimmend über und kletterte wieder ins Boot.

Die Boote, die kamen, gehörten Fischern. Usnelli erkannte einige der armen Leute wieder, die die Zeit des Fischfangs an jenem Strand verbringen und im Schutz einiger Felsen zu schlafen pflegen. Er fuhr ihnen entgegen. Der Mann mit den Rudern war ein junger Kerl, geplagt von Zahnschmerzen, die weiße Seemannsmütze über die schmalen Augen gezogen, ruckweise rudernd, als ob jeder Schlag dazu diente, den Schmerz zu lindern; Vater von fünf Kindern; verzweifelt. Der Alte saß im Heck: ein mexikanischer Strohhut krönte mit einer völlig ausgefransten Aureole die dürre Gestalt, die runden Augen waren weit aufgerissen, früher vielleicht aus Prahlerei, jetzt verriet diese Grimasse den Säufer; den

Mund unter dem herabhängenden Schnurrbart geöffnet, säuberte er mit dem Messer die gefangenen Meeräschen.

»Ein guter Fang?« rief Delia.

»So viel wie's eben gibt, dies Jahr«, antworteten sie.

Delia liebte es, mit den Einwohnern zu sprechen. Usnelli nicht. (»Ihnen gegenüber habe ich ein schlechtes Gewissen«, sagte er, zuckte mit den Schultern und damit war die Sache abgetan.)

Jetzt war das Schlauchboot neben dem Fischerkahn, dessen verblaßter Lack überall aufplatzte und sich in kleinen Teilchen ablöste, und das Ruder, das mit einem Stück Schnur an die Dolle gebunden war, schlug bei jedem Schlag ächzend gegen die kantige Bootswand, und ein kleiner rostiger, vierarmiger Anker hatte sich unter dem schmalen Brett des Sitzes in die geflochtenen Fangkörbe verklemmt, die einen Bart von rötlichen, seit urlanger Zeit getrockneten Algen trugen, und auf dem Haufen der mit Tannin gefärbten Netze glänzten im stechenden, bald blaßgrauen, bald leuchtend türkisfarbenen Schuppenkleid die nach Luft schnappenden Fische, die noch zuckenden Kiemen zeigten am Rande ein rotes, blutiges Dreieck.

Usnelli schwieg die ganze Zeit, aber diese Not der Menschheit stand im Gegensatz zu der Bedrängnis, die ihn kurz vorher beim Anblick der Schönheit der Natur ergriffen hatte: und wie ihm dort die Sprache versagte, drängten sich nun die Worte in seiner Vorstellung: Worte, um jede Warze, jedes Haar des mageren, schlecht rasierten Gesichtes des alten Fischers zu beschreiben, jede silberne Schuppe der Meeräschen.

Am Ufer lag ein anderes, ans Land gezogenes Boot umgekippt auf Holzböcken, und aus dem Schatten hervor ragten die nackten Fußsohlen der schlafenden Männer, die die Nacht hindurch gefischt hatten; nahe dabei stellte eine in Schwarz gekleidete, gesichtslose Frau einen Topf auf ein Feuer aus Algen, aus dem ein langer Rauch stieg. Das Ufer dieser Bucht war grau und steinig; die ausgeblichenen Farbflecken darauf stammten von den bedruckten Stoffschürzen der spielenden Kinder, und die kleinsten wurden von ihren älteren, schreienden Schwestern beaufsichtigt, und die größten und muntersten liefen in kurzen Hosen, die aus den alten der Erwachsenen geschneidert waren, zwischen Felsen und Wasser hin und her. Dann kam ein gerades, verlassenes Ufer aus weißem Sand, das sich dem Land zu in spärliches Schilf und unbebaute Äcker verlor. Ein junger Bursche in schwarzem festlichem Anzug, einen schwarzen Hut auf dem Kopf, einen Stock mit einem Bündel daran über der Schulter, wanderte auf diesem Strand am Meer entlang und zeichnete mit den Nägeln seiner Schuhe die brüchige Kruste des Sandes: gewiß ein Bauer oder ein Hirt aus einem andern Dorf, der zur Küste hinabgestiegen war für irgendein Geschäft und der am Meer entlang ging wegen der erfrischenden Brise.

Neben den Bahngeleisen sah man Drähte, einen Damm, Eisenstangen, einen Bretterzaun; dann verschwanden sie im Tunnel, fingen weiter vorne wieder an, kamen wieder zum Vorschein, wie die Stiche einer ungleichmäßigen Näharbeit. Über den weißen und schwarzen Prellsteinen der Fahrstraße begannen niedrige Olivenhaine aufzusteigen; weiter oben waren die Berge kahl, und nur Weiden und Gebüsch bedeckten sie, oder auch Steinhalden. Ein Dorf lag ganz oben, eingefügt in einen Spalt zwischen den Höhen, die Häuser eines über dem anderen, durchschnitten von gepflasterten Steintreppen, die in der Mitte eine Rinne hatten, damit der Dreck der Maulesel dort abfließen konnte, und auf den Türschwellen all dieser Häuser saßen unzählige Frauen, alte und alternde, und auf den Mäuerchen, einer hinter dem anderen, unzählige Männer, alte und junge, alle im hellen Hemd, und mitten auf den Steintreppen die spielenden Kinder, und hier und dort ein größerer Junge schlafend auf dem Boden ausgestreckt, die Wange auf einer Stufe, weil es dort vielleicht etwas kühler war als im Haus und nicht so schlecht roch, und überall saßen und flogen Wolken von Fliegen, und auf jeder Mauer und auf all den Girlanden aus Zeitungspapier um die Rauchfänge waren zahllose Punkte der Fliegenexkremente, und Usnelli kamen Worte über Worte in den Sinn, dicht aufeinandergehäuft, ohne Zwischenraum zwischen den Zeilen, bis sie sich schließlich nicht mehr voneinander unterschieden, ein Knäuel, aus dem auch die winzigsten weißen Stellen allmählich verschwanden, und nur das Schwarze blieb, das vollkommene Schwarz, undurchdringlich, verzweifelt wie ein Schrei.

Teil 2

Eines Nachmittags, als Adam ...

Der neue Gärtner war ein Junge mit langen Haaren und einem Stirnband aus Stoff um den Kopf. Gerade kam er die Allee mit der Gießkanne herunter, wobei er den Arm ausstreckte, um das Gleichgewicht zu halten. Er begoß die Kapuzinerkresse so behutsam, als schenke er Milchkaffee ein: auf der Erde unter den Pflanzen breitete sich ein dunkler Fleck aus; als der Fleck groß und naß war, nahm er die Gießkanne hoch und ging zur nächsten Pflanze. Gärtner mußte ein schöner Beruf sein, weil man alles mit so viel Ruhe tun konnte. Maria-nunziata schaute ihm vom Küchenfenster aus zu. Der Junge war schon groß, doch trug er noch kurze Hosen. Und mit den langen Haaren sah er aus wie ein Mädchen. Sie ließ den Abwasch liegen und klopfte an die Scheiben.

»Junge«, sagte sie.

Der Gärtnerjunge hob den Kopf, erblickte Maria-nunziata und lächelte. Auch Maria-nunziata begann zu lachen, um ihm zu antworten, und weil sie nie einen Jungen mit so langen Haaren und einem solchen Stirnband um den Kopf gesehen hatte. Daraufhin machte der Gärtnerjunge ihr mit der Hand ein Zeichen »komm her«, und Maria-nunziata lachte weiter über seine drollige Art, Gesten zu machen, und bedeutete ihm nun ihrerseits, daß sie spülen müsse. Aber der Gärtnerjunge winkte ihr »komm her« mit der einen Hand, und mit der anderen zeigte er auf die Töpfe mit den Dahlien. Warum zeigte er auf die Dahlientöpfe? Maria-nunziata öffnete die Fensterflügel und steckte den Kopf hinaus.

»Was ist los?« sagte sie und lachte.

»Sag, willst du etwas Schönes sehn?«

»Was denn?«

»Etwas Schönes. Komm her und guck. Schnell.«

»Sag mir, was es ist.«

»Ich schenke es dir. Ich schenke dir etwas Schönes.«

»Ich muß die Teller spülen. Und dann kommt die gnädige Frau und findet mich nicht.«

»Willst du es oder willst du es nicht? Los, komm.«

»Warte hier«, sagte Maria-nunziata und schloß das Fenster.

Als sie aus der kleinen Tür für die Dienstboten trat, war der Gärtnerjunge immer noch an derselben Stelle und begoß die Kapuzinerkresse.

»Ciao«, sagte Maria-nunziata.

Maria-nunziata schien durch ihre schönen Korkschuhe größer als sie war, eigentlich waren sie zu schade, um bei der Arbeit getragen zu werden, aber sie liebte es nun einmal so. Sie hatte ein kleines Kindergesicht inmitten der schwarzen lockigen Haare und auch noch magere und kindliche Beine, während ihr Körper unter der gebauschten Schürze schon voll und ausgebildet war. Und sie lachte immer: bei allem, was sie selbst oder die anderen sagten, lachte sie.

»Ciao«, sagte der Gärtnerjunge. Seine Haut auf Gesicht, Hals und Brust war braun: vielleicht, weil er immer, wie jetzt, halbnackt herumlief.

»Wie heißt du?« fragte Maria-nunziata.

»Libereso«, sagte der Gärtnerjunge.

Maria-nunziata lachte und wiederholte: »Libereso ... Libereso ... Was für ein Name, Libereso.«

»Das ist ein Esperanto-Name«, sagte er. »Er bedeutet Freiheit auf Esperanto.«

»Ich bin Kalabreserin«, sagte Maria-nunziata.

»Wie heißt du?«

»Maria-nunziata«, und sie lachte.

»Warum lachst du immer?«

»Aber warum heißt du Esperanto?«

»Nicht Esperanto: Libereso.«

»Warum?«

»Und warum heißt du Maria-nunziata?«

»Das ist der Name der Madonna. Ich heiße wie die Madonna und mein Bruder wie ihr Mann, San Giuseppe.«

»Sangiuseppe?«

Maria-nunziata brach in Lachen aus: »Sangiuseppe! Giuseppe, nicht Sangiuseppe! Libereso!«

»Mein Bruder heißt Germinal«, sagte Libereso, »und meine Schwester Omnia.«

»Und das Geschenk«, sagte Maria-nunziata, »zeig mir das Geschenk.«

»Komm«, sagte Libereso. Er stellte die Gießkanne ab und nahm sie bei der Hand.

Maria-nunziata sträubte sich: »Sag mir erst, was es ist.«

»Du wirst schon sehen«, sagte er, »du mußt mir versprechen, daß du es sorgfältig behandelst.«

»Schenkst du es mir?«

»Ja, ich schenke es dir.« Und er hatte sie in eine Ecke neben der Gartenmauer geführt. Dort standen Dahlienpflanzen in Töpfen, die so groß waren wie sie selbst.

»Hier ist es.«

»Was?«

»Warte!«

Maria-nunziata sah über seine Schulter. Libereso bückte sich, um einen Topf zu verrücken, hob einen andern nahe der Mauer in die Höhe und zeigte auf die Erde.

»Hier«, sagte er.

»Was?« sagte Maria-nunziata. Sie sah nichts: es war ein schattiger Winkel mit feuchten Blättern und Komposterde.

»Schau, wie es sich bewegt«, sagte der Junge. Da sah sie eine Art Stein aus Blättern, der sich bewegte, ein feuchtes Etwas mit Augen und Füßen: eine Kröte.

»Mammamia!«

Maria-nunziata war mit großen Sprüngen in ihren

schönen Korkschuhen zwischen den Dahlien davongelaufen. Libereso hatte sich neben die Kröte gekauert und lachte mit weißen Zähnen aus dem braunen Gesicht.

»Du hast ja Angst! Es ist eine Kröte! Warum hast du Angst?«

»Es ist eine Kröte!« stöhnte Maria-nunziata.

»Es ist eine Kröte. Komm«, sagte Libereso.

Sie zeigte mit dem Finger auf sie: »Mach sie tot!«

Der Junge hielt die Hände vor sie, fast um sie zu beschützen: »Ich will nicht. Sie ist gut.«

»Es ist eine gute Kröte?«

»Sie sind alle gut. Sie fressen die Würmer.«

»Ah«, sagte Maria-nunziata, aber kam nicht näher.

Sie biß in den Kragen ihres Kittels und versuchte, trotzdem etwas zu sehen, wobei sie die Augen verdrehte.

»Guck doch, wie schön«, sagte Libereso und hielt seine Hand unter die Kröte.

Maria-nunziata kam näher: sie lachte nicht mehr und sah mit offenem Munde zu: »Nein! Faß sie nicht an!«

Libereso streichelte mit einem Finger den graugrünen Rücken der Kröte, der voller schleimiger Warzen war.

»Bist du verrückt! Weißt du nicht, daß sie brennt, wenn man sie anfaßt, und daß dir die Hand anschwillt.«

Der Junge zeigte ihr seine klobigen braunen Hände, deren Handflächen von einem klebrigen gelben Schleim überzogen waren.

»Mir tut sie nichts«, sagte er, »sie ist so schön.«

Er hatte die Kröte am Nacken gefaßt wie eine kleine Katze und sie auf seine Handfläche gesetzt. Maria-nunziata biß auf ihren Kragen, kam näher und hockte sich neben ihn.

»Mammamia! Was für ein Schreck!«

Sie hockten beide hinter den Dahlien, Maria-nunziatas rosa Knie berührten Liberesos braune, abgeschürfte. Libereso strich abwechselnd mit der Handfläche und mit dem Handrücken über die Kröte und immer, wenn sie herunterrutschen wollte, erwischte er sie wieder.

»Streichle du sie auch, Maria-nunziata«, sagte er.

Das Mädchen versteckte seine Hände im Schoß.

»Nein«, sagte sie.

»Was?« sagte er, »du willst sie nicht?«

Maria-nunziata senkte die Augen, dann betrachtete sie die Kröte und senkte sie schnell von neuem.

»Nein«, sagte sie.

»Sie gehört dir. Ich schenke sie dir«, sagte Libereso.

Maria-nunziatas Gesicht verfinsterte sich jetzt: es war traurig, auf ein Geschenk zu verzichten, niemand machte ihr je Geschenke, aber die Kröte war ihr wirklich eklig.

»Du darfst sie auch ins Haus tragen, wenn du willst. Sie wird dir Gesellschaft leisten.«

»Nein«, sagte sie. Libereso setzte die Kröte wieder auf den Boden und ging eilig fort und suchte etwas in den Blättern.

»Ciao, Libereso.«

»Warte.«

»Ich muß fertig spülen. Die gnädige Frau will nicht, daß ich in den Garten gehe.«

»Warte. Ich möchte dir etwas schenken. Etwas wirklich Schönes. Komm.«

Sie folgte ihm durch die Kieswege. Libereso war ein sonderbarer Junge mit seinen langen Haaren und mit den Kröten, die er in die Hand nahm.

»Wie alt bist du, Libereso?«

»Fünfzehn. Und du?«

»Vierzehn.«

»Bist du's schon, oder wirst du's erst?«

»An Mariä Verkündigung werde ich's.«

»Ist das schon vorbei?«

»Was, du weißt nicht, wann Mariä Verkündigung ist?« Sie hatte wieder zu lachen angefangen.

»Nein.«

»Mariä Verkündigung, wenn die Prozession ist. Gehst du nicht zur Prozession?«

»Nein, ich nicht.«

»In unserm Dorf gibt es schöne Prozessionen. Bei uns ist es nicht wie hier. Da sind große Felder mit Bergamottbirnen, nichts wie Bergamotten. Und die ganze Arbeit besteht darin, von morgens bis abends Bergamotten zu pflücken. Wir waren vierzehn Brüder und Schwestern und alle haben Bergamotten gepflückt, und fünf sind als Kinder gestorben, und meine Mutter hat den Starrkrampf gekriegt, und wir sind eine Woche lang mit dem Zug gefahren zu Onkel Carmelo, und da haben wir zu acht in einer Garage geschlafen. Sag, warum hast du so lange Haare?«

Sie waren bei einem Beet mit Kallapflanzen stehen geblieben.

»Darum. Du hast ja auch lange Haare.«

»Ich bin ein Mädchen. Wenn du sie so lang hast, bist du wie ein Mädchen.«

»Ich bin nicht wie ein Mädchen. Man sieht nicht an den Haaren, ob man ein Junge oder ein Mädchen ist.«

»Wieso nicht an den Haaren?«

»An den Haaren sieht man's nicht.«

»Warum nicht an den Haaren?«

»Soll ich dir etwas Schönes schenken?«

»Ja.«

Libereso fing an, zwischen den Kallas hin- und herzugehen. Sie waren alle aufgeblüht und streckten die weißen Trompeten zum Himmel. Libereso schaute in jede Blüte, durchsuchte sie genau mit zwei Fingern und verbarg dann etwas in seiner zur Faust geballten Hand. Maria-nunziata war nicht in das Beet gegangen und schaute zu, während sie lachte. Was tat Libereso da? Jetzt hatte er alle Kallablüten durchsucht. Er kam heraus und hielt die Hände eine in der andern vor sich.

»Mach die Hände auf«, sagte er. Maria-nunziata

streckte die zu einer Schale gerundeten Hände vor, aber sie hatte Angst, sie unter die seinen zu halten.

»Was hast du drin?«

»Was Schönes. Du wirst schon sehen.«

»Zeig es mir erst.«

Libereso machte seine Hände auf und ließ sie hineinsehen. Sie waren voller Käfer: Käfer in allen Farben. Die schönsten waren grün, dann gab es auch rötliche und schwarze und einer war türkisblau; sie krochen sich gegenseitig über ihre Panzer und zappelten mit den schwarzen Beinen in der Luft. Maria-nunziata versteckte ihre Hände unter dem Kittel.

»Da, nimm sie«, sagte Libereso, »gefallen sie dir nicht?«

»Doch«, sagte Maria-nunziata, aber sie behielt die Hände unter dem Kittel.

»Wenn man sie in der Hand hat, kitzeln sie; willst du mal fühlen?«

Maria-nunziata streckte ängstlich die Hände aus, und Libereso ließ den ganzen Segen bunter Insekten hineinfallen.

»Mut. Sie beißen nicht.«

»Mammamia!« daran hatte sie nicht gedacht, daß sie beißen könnten. Sie öffnete die Hände, und die freigelassenen Käfer breiteten ihre Flügel aus, und die schönen Farben verschwanden, und es blieb nur ein Schwarm schwarzer Käfer, der fortflog und sich auf die Kallablüten niederließ.

»Schade; ich möchte dir ein Geschenk machen, und du willst nicht.«

»Ich muß abwaschen gehen. Wenn die gnädige Frau mich nicht findet, dann schimpft sie.«

»Du willst kein Geschenk?«

»Was schenkst du mir?«

»Komm.«

Er führte sie weiter an der Hand durch die Beete.

»Ich muß schnell in die Küche, Libereso. Dann muß ich ein Huhn rupfen.«

»Puuh!«

»Warum: puuh?«

»Wir essen kein Fleisch von toten Tieren.«

»Ihr macht immer Fasten?«

»Was?«

»Was eßt ihr?«

»Einen Haufen Dinge, Artischocken, Kopfsalat, Tomaten. Mein Vater will nicht, daß man das Fleisch von toten Tieren ißt. Und auch keinen Kaffee und keinen Zucker.«

»Und die Zuckermarken?«

»Die verkaufen wir auf dem Schwarzen Markt.«

Sie waren bei einem Gehänge aus fettblättrigen Pflanzen angelangt, die von roten, sternförmigen Blüten übersät waren.

»Schöne Blumen«, sagte Maria-nunziata. »Pflückst du nie welche?«

»Wozu?«

»Um sie der Madonna zu bringen. Blumen bringt man der Madonna.«

»Mesembrianthemum.«

»Was?«

»Sie heißt Mesembrianthemum, diese Pflanze, auf lateinisch. Alle Pflanzen haben lateinische Namen.«

»Auch die Messe ist auf lateinisch.«

»Weiß ich nicht.«

Libereso schaute blinzelnd in das Gewirr der Äste auf dem Spalier.

»Da ist sie«, sagte er.

»Was ist los?«

In der Sonne saß unbeweglich eine grüne Eidechse mit schwarzer Zeichnung auf der Haut.

»Ich hol sie jetzt.«

»Nein.«

Aber er näherte sich der Eidechse mit offenen Händen,

ganz leise, dann ein Satz: erwischt. Er lachte zufrieden sein weiß-braunes Lachen.

»Schau, wie die mir entschlüpfen will!« Aus den geschlossenen Händen glitt bald das verängstigte Köpfchen, bald der Schwanz heraus. Auch Maria-nunziata lachte, aber jedesmal, wenn sie die Eidechse sah, sprang sie rückwärts und wickelte sich den Rock um die Knie.

»Kurz und gut, du willst wirklich, daß ich dir nichts schenke?« sagte Libereso ein wenig geknickt, und ganz sorgfältig setzte er die Eidechse auf ein Mäuerchen und sie schnellte hinweg. Maria-nunziata hielt die Augen gesenkt.

»Komm mit mir«, sagte Libereso und faßte sie wieder an der Hand.

»Mir würde ein Lippenstift gefallen, mit dem ich mir sonntags die Lippen anmalen könnte, wenn ich zum Tanz gehe. Und dann ein schwarzer Schleier auf den Kopf für den Abendsegen nachher.«

»Sonntags«, sagte Libereso, »gehe ich mit meinem Bruder in den Wald und wir suchen zwei Säcke voll Tannenzapfen. Am Abend liest uns dann mein Vater die Bücher von Elisée Reclus vor. Mein Vater hat lange Haare bis auf die Schultern und einen Bart bis auf die Brust. Er trägt im Sommer wie im Winter kurze Hosen. Und ich zeichne für den Schaukasten der FAI. Und die mit dem Zylinder sind die Finanzmänner und die mit dem Käppi Generäle und die mit dem runden Hut Priester. Und dann male ich das Bild mit Wasserfarben an.«

Sie kamen zu dem Becken, auf dem die runden Blätter der Seerosen schwammen.

»Still«, sagte Libereso.

Unter dem Wasser schwamm ein Frosch, der mit auf- und abrudernden grünen Beinen in die Höhe trieb. An der Oberfläche angekommen, sprang er auf ein Seerosenblatt und setzte sich in die Mitte.

»Da ist er«, sagte Libereso und senkte seine Hand, um ihn zu fassen, aber Maria-nunziata machte »uh!« und der Frosch sprang ins Wasser.

Libereso suchte ihn, die Nase über dem Wasser.

»Da unten.«

Er stieß mit einer Hand hinab und zog ihn in der geschlossenen Faust hinauf.

»Zwei auf einmal«, sagte er, »schau. Einer sitzt auf dem andern.«

»Warum?« fragte Maria-nunziata.

»Männchen und Weibchen aufeinander«, sagte Libereso, »schau, was sie machen.«

Und er wollte die Frösche in Maria-nunziatas Hände setzen. Maria-nunziata wußte nicht, ob sie Angst hatte, weil es Frösche oder weil es Männchen und Weibchen aufeinander waren.

»Laß sie«, sagte sie, »warum soll man sie anrühren.«

»Männchen und Weibchen«, wiederholte Libereso, »dann machen sie Kaulquappen.«

Eine Wolke schob sich vor die Sonne. Plötzlich fing Maria-nunziata an zu jammern.

»Es ist spät. Sicher sucht mich die gnädige Frau.«

Aber sie ging nicht fort. Sie streiften weiter durch den Garten, und die Sonne war verschwunden. Jetzt war eine Schlange an der Reihe. Sie war hinter einer Bambushekke, eine kleine Schlange, eine Blindschleiche. Libereso wand sie sich um den Arm und streichelte ihr Köpfchen. »Einmal habe ich Schlangen gezähmt, ich hatte ungefähr zehn, auch eine ganz lange gelbe Wasserschlange. Sie hat dann die Haut gewechselt und ist entkommen. Schau, wie sie den Mund aufmacht, und hier die gespaltene Zunge. Streichle sie, sie beißt nicht.«

Aber Maria-nunziata hatte auch vor Schlangen Angst. Dann gingen sie zu dem kleinen Teich mit den Felsen. Zuerst zeigte er ihr den Springbrunnen, öffnete alle Hähne, und sie war sehr zufrieden. Dann zeigte er ihr den Goldfisch. Es war ein alter, einsamer Fisch, dessen Schuppen schon anfingen, weiß zu werden. Und siehe da: der Goldfisch gefiel Maria-nunziata. Libereso begann mit den Händen im Wasser herumzutauchen, um ihn zu fangen; das war schwierig, aber Maria-nunziata konnte ihn in ein Glas setzen und auch in der Küche haben. Er fing ihn, zog ihn aber nicht aus dem Wasser, damit er nicht erstickte.

»Steck die Hände hinein, streichle ihn«, sagte Libereso, »man fühlt, wie er atmet; er hat Flossen wie aus Papier und Schuppen, die stechen, aber nur ein bißchen.«

Aber Maria-nunziata wollte auch den Fisch nicht streicheln.

Auf einem Petunienbeet lag weiche Komposterde, und Libereso kratzte sie mit den Fingern auf und zog lange, lange, ganz weiche Regenwürmer heraus.

Maria-nunziata entfloh mit kleinen Schreien.

»Leg die Hand hierhin«, sagte Libereso und zeigte auf den Stamm eines alten Pfirsichbaumes. Maria-nunziata verstand nicht, legte aber die Hand auf die Stelle: dann stieß sie einen Schrei aus und rannte fort, um die Hand in das Wasser des Teiches zu tauchen. Sie war voller Ameisen gewesen. Auf dem Stamm wimmelte es von kleinen argentinischen Ameisen.

»Sieh mal«, sagte Libereso und legte die Hand an den Stamm. Man sah, wie die Ameisen ihm die Hand hinaufkrabbelten, aber er ließ sie.

»Warum«, fragte Maria-nunziata, »warum machst du dich voll Ameisen?«

Die Hand war schon schwarz, schon stiegen ihm die Ameisen das Handgelenk hinauf.

»Tu die Hand weg«, stöhnte Maria-nunziata, »du läßt alle Ameisena auf dich krabbeln.«

Die Ameisen stiegen seinen nackten Arm hoch, sie waren bereits am Ellenbogen. Schon war der ganze Arm mit einem schwarzgepünktelten Schleier bedeckt, der sich bewegte. Nun kamen die Ameisen bis in die Achselhöhle, aber er rührte sich nicht.

»Geh weg, Libereso, halt den Arm ins Wasser!«

Libereso lachte, einige Ameisen krabbelten schon vom Hals auf sein Gesicht.

»Libereso! Alles, was du willst! Ich nehme alle Geschenke, die du mir gibst!«

Sie warf ihm die Arme um den Hals und machte sich daran, ihm die Ameisen herunterzuwischen.

Da löste Libereso seine Hand von dem Baum, weißbraun lachend, säuberte nachlässig seinen Arm. Aber man sah, daß der Vorfall ihn bewegt hatte.

»Also ich schenke dir etwas, das steht fest. Das größte Geschenk, das ich dir machen kann.«

»Was?«

»Ein Stachelschwein.«

»Mammamia ... Die gnädige Frau! Die gnädige Frau ruft!«

Maria-nunziata war fertig mit dem Abwasch, als sie ein Steinchen gegen die Fensterscheibe schlagen hörte. Unten stand Libereso mit einem großen Korb.

»Maria-nunziata, laß mich hinaufkommen. Ich will dir eine Überraschung machen.«

»Du kannst nicht herauf. Was hast du da drin?«

Aber in diesem Augenblick klingelte die gnädige Frau und Maria-nunziata verschwand.

Als sie in die Küche zurückkehrte, war Libereso nicht mehr da. Weder drinnen, noch unter dem Fenster. Maria-nunziata näherte sich dem Spülstein. Da sah sie die Überraschung.

Auf jedem der zum Trocknen aufgestellten Teller saß ein hüpfender Frosch, eine Schlange lag zusammengerollt in einem Topf, die Suppenterrine war voller Eidechsen und schleimige Schnecken hinterließen irisierende Spuren auf dem Kristall. In dem mit Wasser gefüllten Becken schwamm der alte und einsame Goldfisch.

Maria-nunziata wich einen Schritt zurück, aber zwischen ihren Füßen saß eine fette Kröte. Es mußte wohl ein Weibchen sein, denn hinter ihr kam eine ganze Kinderschar, fünf kleine Kröten hintereinander, die sich mit kleinen Hopsern auf den schwarz-weißen Fliesen vorwärtsbewegten.

Der verzauberte Garten

Giovannino und Serenella wanderten auf dem Bahndamm dahin. Unten lag das Meer, dunkelblau-hellblau gewürfelt, oben ein Himmel, kaum gestreift von weißen Wolkenstrichen. Die Schienen leuchteten und waren so heiß, daß man sich beinah verbrannte. Auf dem Bahndamm ging es sich gut, und man konnte allerlei Spiele erfinden: er schritt auf der einen Schiene voran und sie auf der anderen, und beide hielten sich in der Mitte an der Hand; oder man konnte von einer Schwelle zur nächsten springen, ohne den Schotter dazwischen mit dem Fuß zu berühren. Giovannino und Serenella waren auf Krebsfang gewesen, und jetzt hatten sie beschlossen, den Eisenbahndamm bis in den Tunnel hinein zu erforschen. Es machte Spaß, mit Serenella zu spielen, denn sie war nicht so wie all die anderen Mädchen, die immer Angst hatten und bei jeder Kleinigkeit zu heulen anfingen. Wenn Giovannino sagte: gehen wir da und da hin!, folgte Serenella ihm ohne jede Widerrede.

Deng! Sie sprangen hoch und blickten auf. Die runde Scheibe am Arm der Signalanlage war emporgeschnellt. Das Signal sah aus wie ein eiserner Storch, der plötzlich seinen langen Schnabel geschlossen hatte. Noch ein Weilchen standen sie so, die Nase in der Luft: wie schade, daß sie es nicht gesehen hatten! Jetzt machte der Signalmast das nicht mehr so bald noch einmal.

»Gleich kommt ein Zug«, sagte Giovannino.

Serenella blieb auf dem Gleis. »Von wo?« fragte sie.

Giovannino blickte sich um, als wüßte er Bescheid. Er zeigte auf den Tunnel, das schwarze Loch, das bald klarer, bald verschwommener zu sehen war, je nach dem unmerklichen, zitternden Dunst, der über den glühenden Steinen des Bahndamms aufstieg.

»Von da«, sagte er. Er glaubte das finstere Brausen im Tunnel zu hören und sah schon das Ungetüm aus Flammen und Rauch auf sie zuschießen und erbarmungslos mit den Rädern die Schienen verschlingen.

»Wo gehen wir hin, Giovannino?«

Zum Meer hin standen große graue Agaven mit fächerförmig ausstrahlenden, undurchdringlichen Stachelarmen; zum Berg hin bildete blätterüberladenes, blütenloses Gestrüpp eine Hecke. Vom Zug hörte man noch nichts: vielleicht fuhr er mit gelöschter Lokomotive lautlos dahin und würde plötzlich über sie hereinbrechen. Da hatte Giovannino jedoch eine Lücke in der Hekke gefunden. »Hier durch«, sagte er.

Die Einfriedung am Fuß des Bahndamms bestand aus einem alten, herabhängenden Drahtzaun. An einer Stelle faltete er sich vom Boden auf wie die Ecke eines Papiers. Giovannino hatte sich bereits hindurchgezwängt.

»Gib mir die Hand, Giovannino!«

Sie fanden sich im Winkel eines Gartens wieder, beide hockten sie auf allen vieren im Gras, die Haare voll trokkener Blätter und Erdklumpen. Ringsum war es still, kein Blatt rührte sich.

»Los!« sagte Giovannino, und Serenella sagte: »Ja.«

Da waren große, uralte, fleischfarbene Eukalyptusbäume und da waren Kieswege. Giovannino und Serenella gingen die Wege auf Zehenspitzen entlang und achteten darauf, daß der Kies unter ihren Schuhen nicht knirschte. Wenn jetzt die Besitzer auf sie zukämen, was dann?

Herrlich war das alles: die Kurven der gebogenen Eukalyptuszweige hoch oben und dazwischen Stücke aus Himmelblau; nur die ängstliche Unruhe blieb in ihnen, weil der Garten ihnen doch nicht gehörte und sie von einem Augenblick zum anderen daraus verjagt werden konnten. Doch kein Laut war zu vernehmen. Von einer Erdbeerstaude hinter einer Wegbiegung flogen plötzlich lärmend Spatzen auf. Dann wieder die Stille. War es vielleicht ein verlassener Garten?

Doch einmal hörten die Schatten der großen Bäume auf und sie befanden sich unter freiem Himmel; vor ihnen lagen wohlgeordnete Reihen von Blumenbeeten, mit Petunien und Kornwinden, und neue Wege und Spaliere und Buchsbaumhecken. Und oben auf der Höhe lag eine große Villa mit blitzenden Scheiben und gelben und orangefarbenen Markisen.

Und alles war verödet. Vorsichtig schritten die beiden Kinder über den Kies auf das Haus zu; vielleicht würden die Fenster alle auf einmal aufspringen und entsetzlich strenge Herren und Damen auf den Terrassen erscheinen und große Hunde auf die Wege loslassen. In der Nähe eines Tümpels stießen sie auf einen Schubkarren. Giovannino packte ihn an den beiden Griffen und stieß ihn vor sich her: bei jeder Drehung der Räder gab er ein Kreischen von sich wie einen Pfiff. Serenella setzte sich darauf, und schweigend ging es weiter; Giovannino schob Karren und Mädchen zwischen den Beeten und dem Spiel des Wassers vorwärts.

»Die da«, sagte Serenella von Zeit zu Zeit leise und zeigte auf eine Blume. Giovannino setzte ab und ging, um sie zu pflücken. Das Mädchen hatte schon einen hübschen Strauß im Schoß. Doch wenn sie auf der Flucht über die Hecken springen mußten, blieb nichts übrig, als die Blumen alle wegzuwerfen.

Sie kamen an einen freien Platz, der nicht mehr mit Kies bedeckt war, sondern mit Zement und Steinfliesen. Mitten drin öffnete sich ein großes, tiefes Rechteck: ein Schwimmbecken. Sie traten an den Rand heran – da lag es, mit blauen Kacheln, voll mit klarem Wasser, bis obenhin.

»Springen wir hinein?« fragte Giovannino. Es mußte

schon etwas sehr Bedenkliches sein, wenn er sie nach ihrer Meinung fragte und nicht einfach sagte »Los!«. Doch das Wasser war so sauber und blau, und Serenella hatte nie Angst. Sie stieg aus dem Karren und legte ihren Blumenstrauß hinein. Ihr Badezeug hatten sie schon an, sie waren ja eben noch auf Krebsfang gewesen. Giovannino tauchte ins Wasser; nicht vom Sprungbrett aus, das hätte zuviel Lärm gemacht, sondern vom Rand des Beckens. Mit offenen Augen glitt er immer tiefer und sah nichts als Blau, und seine Hände schimmerten rosig wie Fische; ganz anders als im Meer mit den ungleichmäßigen grünschwarzen Schatten. Und nun über ihm ein rosiger Schein: Serenella. Sie nahmen sich bei der Hand und tauchten, etwas keuchend, am gegenüberliegenden Rand wieder empor. Nein, es hatte sie tatsächlich niemand gesehen. So schön, wie sie es sich vorgestellt hatten, war es doch nicht: immer blieb jener bittere Rest von Angst in ihnen zurück, daß dies alles sie nichts anging und sie jeden Augenblick verjagt werden könnten.

Sie kletterten aus dem Wasser, und da sahen sie nicht weit von dem Schwimmbecken einen Ping-Pong-Tisch. Giovannino ergriff rasch einen Schläger und jagte einen Ball über das Netz, und Serenella konnte ihn eben noch auffangen und zurückgeben. So spielten sie, aber mit sachten Schlägen, damit man es in der Villa nicht hörte. Einmal stieg der Ball steil auf, und als Giovannino ihn zurückschlagen wollte, flog er weit über den Tisch hinweg. Er traf auf einen Gong, der zwischen den Pfeilern einer Pergola hing und nun dumpf und lange tönte. Die zwei Kinder kauerten sich geduckt hinter ein Ranunkelbeet. Alsbald erschienen zwei Diener in weißen Jacken mit großen Tabletts in der Hand, stellten etwas auf einen runden Tisch unter einem gelb-orange gestreiften Sonnenschirm und entfernten sich.

Giovannino und Serenella traten auf den Tisch zu. Da waren Tee, Milch, Kuchen. Man brauchte sich nur zu setzen und zuzugreifen. Sie füllten zwei Tassen und schnitten zwei Stücke Kuchen ab. Doch es wollte ihnen nicht recht gelingen, richtig auf den Stühlen zu sitzen, sie klebten nur eben vorn am Rand und wußten nicht wohin mit ihren Knien. Auch den Geschmack von Tee und Milch und Gebäck konnten sie nicht wirklich empfinden; so war alles in diesem Garten, schön und doch nicht ganz zu genießen, mit dieser Unruhe im Innern, dieser Besorgnis – es käme alles ja doch nur von einer Zerstreutheit des Schicksals, und bald würde man sie zur Rechenschaft ziehen.

Tief geduckt schlichen sie auf die Villa zu. Durch die Spalten einer Jalousie sahen sie drinnen ein schönes schattiges Zimmer mit Sammlungen von Faltern und Schmetterlingen an den Wänden. Und in dem Zimmer saß ein blasser Junge. Das mußte wohl der Besitzer der Villa und des Gartens sein: dieser Glückliche. Er saß in einem Liegestuhl und blätterte in einem dicken Bilderbuch. Er hatte feine weiße Hände – und einen Pyjama, der bis obenhin zugeknöpft war, jetzt, mitten im Sommer.

Wie die beiden Kinder ihn durch die Jalousie hindurch anstarrten, beruhigte sich allmählich ihr klopfender Herzschlag. Es sah wirklich so aus, als habe der Junge, der in seinem Buch blätterte und sich im Zimmer umblickte, noch größere Angst, eine noch stärkere Beklemmung als sie. Und jetzt stand er ganz vorsichtig auf, als fürchtete er, daß jeden Augenblick jemand kommen und ihn fortjagen könne, als habe er das Gefühl, dieses Buch, dieser Liegestuhl, die Schmetterlinge an den Wänden und der Garten mit Spiel und Vesper und Schwimmbecken und Kieswegen seien ihm nur auf Grund eines ungeheuren Irrtums zugestanden worden, und er könnte das alles unmöglich genießen, sondern nur die Bitternis dieses Irrtums empfinden, etwas wie eine eigene Schuld.

Mit verhaltenen Schritten ging der blasse Junge durch das schattige Zimmer, strich mit weißen Fingern über die Ränder der Glaskästen, in denen die Falter aufbewahrt wurden, und blieb dann lauschend stehen. Giovannino und Serenella spürten, wie ihr eben zur Ruhe gekommenes Herz von neuem wild klopfte, stärker als zuvor. Es war die Furcht vor dem Zauberbann, der auf dieser Villa, auf dem Garten, auf all den herrlichen, bequemen Dingen lasten mußte wie ein ehemals begangenes Unrecht.

Wolken verdunkelten die Sonne. Lautlos, lautlos schlichen Giovannino und Serenella davon. Schnell, doch nie laufend, gingen sie den Weg zurück, den sie gekommen waren. Und geduckt zwängten sie sich durch den Drahtzaun. Zwischen den Agaven fanden sie einen Pfad, der zum Strand führte. Da lag er, kurz und steinig, mit Algenhaufen am Uferrand. Sie erfanden ein wunderbares Spiel: Algenschlacht. Sie warfen sich ganze Hände voll ins Gesicht, bis zum Abend. Es war wirklich gut, daß Serenella nie weinte.

Große Fische, kleine Fische

Zeffirinos Vater zog nie einen Badeanzug an. Mit aufgekrempelten Hosen, einer weißen Leinenmütze auf dem Kopf und einem Trikothemd angetan, wich er nicht von den Felsen am Ufer. Seine Leidenschaft waren die Muscheln, jene flachen Mollusken, die am Gestein kleben und mit ihrer harten Schale selbst ein Stück Fels zu sein scheinen. Um sie abzulösen, benutzte Zeffirinos Vater ein Messer, und so suchte er jeden Sonntag eine Klippe der Landspitze nach der anderen mit seinen bebrillten Augen ab. Er hörte nicht eher auf, bis sein kleiner Fangbehälter gefüllt war; manche Muscheln aß er gleich, indem er das feuchte, herbe Fleisch wie aus einem Löffel schlürfte, die anderen sammelte er in einem Korb. Dann und wann hob er den Blick, ließ ihn etwas verloren auf dem Meer umherschweifen und rief:

»Zeffirino! Wo bist du?«

Zeffirino verbrachte ganze Nachmittage im Wasser. Beide gingen gemeinsam zur Landspitze, und dort kehrte ihm sein Vater den Rücken und schlich hinter seinen Mollusken her. Die Muscheln in ihrer Härte und Verbohrtheit konnten Zeffirino nicht verlocken; zuerst hatten ihn die Krebse interessiert, dann die Polypen, die Medusen und alle möglichen Arten von Fischen. Seine sommerlichen Jagden wurden immer schwieriger und phantasievoller; es gab wohl keinen Jungen seines Alters, der mit der Harpune so gut umzugehen wußte. Im Wasser kommen die untersetzten, stämmigen Typen, die nur aus Atem und Muskeln zu bestehen scheinen, am besten voran, und so war auch Zeffirino gebaut. Sah man ihn auf festem Boden an der Hand seines Vaters, so war er einer jener kurzgeschorenen Buben mit offenem Mund, die sich lustlos vorwärts schieben; im Wasser hingegen schlug er alle anderen, und unter Wasser erst recht.

An diesem Tag war es Zeffirino gelungen, die Ausrüstung für die Unterwasserjagd vollständig zusammenzubringen. Die Maske stammte noch vom vorigen Jahr, ein Geschenk der Großmutter; die Schwimmflossen hatte ihm eine Kusine mit kleinen Füßen geliehen, und die Harpune hatte Zeffirino wortlos aus dem Haus seines Onkels entwendet – und dem Vater erklärt, man habe sie ihm für einige Zeit überlassen. Er war übrigens ein vorsichtiger Junge, der wußte, wie man Sachen ordentlich behandelte, man konnte sie ihm ruhig anvertrauen.

Das Meer war herrlich, durchsichtig bis auf den Grund.

»Gewiß, Papa«, sagte Zeffirino zu allen Ermahnungen seines Vaters und ging ins Wasser. Er glich keinem menschlichen Wesen mehr, wie er so dastand mit der Glasscheibe vor dem Gesicht und dem Schnorchel zum Atmen, den fischartig auslaufenden Beinen und einer Waffe in der Hand, die ein wenig wie eine Lanze, ein wenig wie ein Gewehr und eine Gabel wirkte. Kaum aber war er im Wasser, das er nur halb untertauchend durchschnitt, da erwies er sich als der echte Zeffirino: nur er stieß auf diese Weise die Flossen zurück, nur ihm ragte die Harpune so unter dem Arm hervor, und er war es, dessen Haupt, leicht in die Oberfläche des Wassers gedrückt, kraftvoll voranschnellte.

Zuerst war der Boden noch steinig, dann kamen Felsbrocken, manche nackt und zerfressen, andere bärtig von festgeklebten braunen Algen. Zwischen diesen Bärten hervor, oder aus einer der Felsspalten, konnte jeden Augenblick ein großer Fisch gleiten, und Zeffirino ließ seine Augen erregt hinter der Glasscheibe kreisen.

Schön ist der Anblick des Meeresgrundes beim ersten Mal, gerade eben entdeckt, aber das Schönste kommt, wie in allen Dingen, später: wenn man ihn kennt, ihn ganz und gar auswendig lernt, mit jeder Schwimmbewegung besser. Man glaubt sie zu trinken, die Landschaften unter Wasser; weiter und weiter geht es und nimmt kein Ende. Die Scheibe der Maske ist ein einziges riesiges Auge, das die Schatten und Farben verschlingt.

Die Dunkelheit hörte auf: er war heraus aus dem Ufermeer um die Klippen, und auf dem sandigen Grund unterschied er die feinen Wellenlinien, die das Wasser durch seine Bewegung hineingezeichnet hatte. Die Sonnenstrahlen drangen hier bis in die Tiefe, leuchteten auf im zärtlichen Gefunkel winziger Fische, die in geschlossener Formation geradeaus dahinzogen und plötzlich alle gemeinsam eine Rechtsschwenkung vollführten.

Eine kleine Sandwolke stob auf – der Schwanzschlag einer Brasse auf dem Grund. Zeffirino schwamm jetzt unter dem Wasserspiegel, und die Brasse glitt nach einigen unsicheren Zuckungen pfeilgerade in halber Höhe davon. Zwischen Klippen, die stachlig waren von Seeigeln, schwammen Fisch und Fischer hindurch bis zu einer Bucht mitten im porösen, fast nackten Gestein.

›Hier rückst du mir nicht mehr aus‹, dachte Zeffirino, und in diesem Augenblick entschwand die Brasse. Aus Löchern und Höhlungen stiegen Luftbläschen auf, dann beruhigte sich das Wasser wieder; die Seeanemonen glänzten vor Erwartung. Die Brasse steckte ihren Kopf aus einem Loch hervor, verschwand in einem anderen und tauchte in weiter Entfernung aus einem Spalt wieder auf. Sie glitt um eine Ausbuchtung, dann abwärts, und Zeffirino sah dicht vor dem Grund eine leuchtend grüne Zone aufschimmern. Der Fisch verlor sich in diesem Licht, und Zeffirino jagte hinter ihm her.

Er durchquerte einen niedrigen Bogen im Fuß des Felsens und sah über sich wieder Wasser und Himmel. Schatten heller Steine schlossen den Grund ein, und gegen das offene Meer zu senkte sich das Gestein zu einer halbversunkenen Klippe. Mit einer Bewegung seiner Hüfte und einem Stoß der Flossen tauchte Zeffirino an die Oberfläche, um Atem zu schöpfen. Nur die Spitze des Schnorchels war zu sehen, er spuckte ein paar Tropfen aus, die unter die Maske geraten waren; der Kopf des Knaben blieb unter Wasser. Er hatte die Brasse wieder aufgespürt, mehr noch: zwei! Schon zielte er darauf, da sah er einen ganzen Trupp ruhig zur Linken vorüberziehen und zur Rechten eine neue Schar aufleuchten. Es war eine Stelle von überwältigendem Fischreichtum, geradezu ein geschlossenes Becken, und wohin Zeffirino blickte, begegnete er dem Glitzern feiner Flossen, dem Flimmern von Schuppen, so daß es ihm vor lauter Staunen und Glück nicht in den Sinn kam zu schießen.

Nun, es kam ja auch darauf an, nichts zu übereilen und die fetteste Beute auszuwählen, ohne ringsum alles in Schrecken zu versetzen. Immer mit dem Kopf unter Wasser, bewegte Zeffirino sich auf die nächste Klippe zu; und dort hing neben der steinernen Wand eine weiße Hand baumelnd im Wasser. Das Meer war fast regungslos; auf der glatten, gespannten Oberfläche weiteten sich konzentrische Kreise wie um ein Regengetröpfel. Der Knabe hob den Kopf und blickte auf. Am Rand der Klippe lag eine üppige Frau im Badeanzug auf dem Bauch, nahm ein Sonnenbad und weinte. Die Tränen rannen ihr eine nach der anderen über die Backe und tropften ins Meer.

Zeffirino schob die Maske zur Stirn hinauf und sagte: »Verzeihung!«

Die dicke Frau sagte: »Ach mein Gott, Junge!« Und sie fuhr fort zu weinen. »Fisch ruhig weiter.«

»Hier gibt es viele Fische«, erklärte er. »Haben Sie gesehen, wie viele?«

Die dicke Frau hielt immer noch den Kopf erhoben, sah dabei aber mit tränenvollen Augen starr vor sich hin: »Nein, nicht genau«, meinte sie. »Wie soll ich auch? Ich kann nicht aufhören zu weinen.«

Solange es sich um Meer und Fische handelte, war Zeffirino, wie schon gesagt, nicht zu schlagen. In Gegenwart menschlicher Lebewesen aber riß er dümmlich den Mund auf und geriet unweigerlich ins Stottern.

»Es tut mir leid, Signora...« Und er wäre gern wieder zu seinen Brassen zurückgekehrt; aber eine dicke, weinende Dame war ein so ungewohnter Anblick, daß er wie verzaubert dablieb und sie gegen seinen Willen anstarrte.

»Ich bin keine Frau, mein Junge«, sagte die dicke Frau mit ihrer noblen, ein wenig näselnden Stimme. »Ich bin ein Fräulein, Signorina De Magistris. Und wie heißt du?«

»Zeffirino.«

»Fein, Zeffirino. Hast du einen guten Fang gemacht? Oder eine gute Jagd gehabt? Wie nennt man das?«

»Weiß ich nicht. Ich habe noch nichts gefangen. Dabei gibt es hier viele Fische.«

»Paß aber lieber auf mit deinem Gewehr da! Nein, nicht meinetwegen, ach, ich Unglückliche, sondern deinetwegen. Daß du dir nicht weh tust.«

Zeffirino versicherte ihr, sie könne ganz beruhigt sein. Er setzte sich neben sie auf die Klippe und sah wieder ein bißchen zu, wie sie weinte. Es gab Augenblicke, da meinte er schon, sie würde nun aufhören: dann schnaufte sie durch die gerötete Nase, hob den Kopf und schüttelte ihn. Aber unterdessen war es schon wieder, als füllte sich eine große Tränenblase in den Augenwinkeln und unter den Lidern, und es dauerte nicht lange und sie floß über.

Zeffirino wußte nicht recht, was er davon halten sollte. Ein Fräulein weinen zu sehen, das war etwas Herzergreifendes. Aber wie brachte man es fertig, vor diesem Meeresbecken, in dem es von Fischen aller Arten nur so wimmelte und das einem das Herz mit Freude und Jagdfieber erfüllte, traurig zu sein? Anderseits, wie konnte man mit einem Kopfsprung ins Grüne tauchen und hinter den Fischen herjagen, wenn dicht daneben ein erwachsener Mensch in Tränen schwamm? Im selben Augenblick, am selben Ort also konnte es nebeneinander zwei so gegensätzliche, unvereinbare Empfindungen geben? Es gelang Zeffirino nicht, sie zusammen in sich aufzunehmen, noch sich der einen oder der anderen hinzugeben.

»Signorina?« fragte er.

»Was ist?«

»Warum weinen Sie?«

»Weil ich Liebeskummer habe.«

»Ach!«

»Das verstehst du nicht, du bist ein Kind.«

»Wollen Sie einmal versuchen, mit der Maske zu schwimmen?«

»Danke, gern. Ist das schön?«

»Das Schönste, was es gibt.«

Das Fräulein De Magistris stand auf und verknotete die Träger des Badeanzugs über dem Nacken. Zeffirino gab ihr die Maske und erklärte ihr genau, wie sie aufgesetzt werden mußte. Als sie die Maske vor dem Gesicht hatte, schüttelte sie halb scherzhaft, halb verschämt den Kopf, doch man sah durch die Scheibe, daß sie immer noch weinte. Ohne jede Anmut, wie ein Seekalb, ließ sie sich ins Wasser hinab und fing an, das Gesicht nach unten, mit den Armen in der Luft herumzurudern.

Die Harpune unterm Arm, warf sich auch Zeffirino ins Meer.

»Wenn Sie einen Fisch sehen, sagen Sie mir Bescheid!« schrie er Fräulein De Magistris zu. Im Wasser war es ihm bitter ernst; nur selten gewährte er jemandem den Vorzug, mit ihm fischen zu gehen.

Doch die Signorina hob den Kopf und schüttelte ihn verneinend. Die Glasscheibe war undurchsichtig geworden und ihr Gesicht verschwamm dahinter. Sie nahm die Maske ab.

»Ich sehe nichts«, sagte sie, »die Tränen verschmieren die Scheibe. Ich kann nicht. Es tut mir leid.« Und so, im Wasser, heulte sie weiter.

»Ein Jammer!« sagte Zeffirino. Er hatte die halbe

Kartoffel nicht bei sich, die zum Blankputzen der Scheibe dient; so behalf er sich mit etwas Spucke und setzte dann die Maske selber wieder auf.

»Sehen Sie, wie ich es mache«, erklärte er der Dicken. Zusammen glitten sie durchs Wasser, er nur mit den Flossen stoßend, das Gesicht abwärts gekehrt, sie auf der Seite, einen Arm vor sich ausgestreckt, den anderen angewinkelt, mit bitterem, untröstlich aufgerichtetem Kopf.

Sie schwamm herzlich schlecht, die Signorina De Magistris, immer auf der Seite, mit ein und derselben plumpen Armbewegung. Und ein paar Meter unter ihr durchzogen die Fische das Wasser, schwebten Seesterne und Tintenfische, öffneten die Seerosen ihren Mund. Vor Zeffirinos Blicken breiteten sich Wasserlandschaften aus, in denen man sich vollends verlieren konnte. Der Boden war sandig und mit kleinen Felssteinen gespickt, zwischen denen, von der fast unmerklichen Bewegung des Meeres geschaukelt, Strähnen von Algen hin und her schwangen. Wenn man sie so von oben betrachtete, sah es aus, als wären es die Felssteine selbst, die mitten in der Sandwüste, umgeben von regungslosem, algendurchsetztem Wasser, auf und ab wogten.

Plötzlich sah Fräulein De Magistris den Knaben verschwinden: kopfabwärts, wobei das Gesäß einen Augenblick lang an die Oberfläche emportauchte, dann sah sie noch einmal die Flossen und dann seinen hellen Schatten unter Wasser, der dem Grund entgegenstrebte. Zu spät bemerkte der Hecht die Gefahr: die abgeschossene Harpune hatte ihn schon seitwärts getroffen, die mittlere Spitze durchdrang ihn etwas oberhalb des Schwanzes. Der Hecht richtete steil die Flossen auf und schlug das Wasser, um zu fliehen. Noch hatten ihn die beiden anderen Haken nicht berührt, deshalb hoffte er, auf Kosten seines Schwanzes zu entkommen. Aber was er mit seiner heftigen Bewegung gewann, war nur, daß eine Flosse sich in einem der Haken verfing, und er war verloren. Schon spulte das Rädchen die Leine auf, und über dem Fisch erschien der rosige, zufriedene Schimmer Zeffirinos.

Zuerst ragte der Dreizack mit dem aufgespießten Fisch aus dem Wasser, dann folgte der Arm, dann der Kopf des Knaben mit der Maske und dem wassergurgelnden Schnorchel. Und Zeffirino entblößte sein Antlitz: »Haben Sie gesehen? Schön, nicht?«

Es war ein großer, silbrig-dunkler Hecht. Und trotzdem weinte die Dame immer weiter.

Zeffirino kletterte auf die Kuppe einer Klippe; mühsam folgte ihm Fräulein De Magistris. Um den Fisch frisch zu erhalten, tat Zeffirino ihn in eine schüsselartige Vertiefung des Gesteins, die voll Wasser war. Hier kauerten sie sich zusammen nieder. Zeffirino betrachtete die spielenden Farben des Hechtes, streichelte die Schuppen und forderte das Fräulein auf, es ihm gleichzutun.

»Sehen Sie, wie schön er ist? Und wie stachelig?« Und als es ihm so vorkam, als zeige sich eine Spur Interesse für den Fisch inmitten all der Verzweiflung der Frau, fügte er hinzu: »Ich geh mal eben schauen, ob ich noch einen kriege.« Von Kopf bis Fuß gewappnet, stürzte er sich ins Meer.

Die Frau blieb bei dem Fisch zurück. Und sie entdeckte, daß es noch nie einen so unglücklichen Fisch gegeben hatte. Nun strich sie mit dem Finger vorsichtig über das ringförmige Maul, über die Kiemen, den Schwanz, und da sah sie auch in dem schönen, silbrigen Körper unzählige winzige Spalten. Wasserflöhe, die Parasiten der Fische, hatten sich schon seit längerer Zeit des Hechtes bemächtigt und bahnten sich ihre Wege in seinem Fleisch.

Ohne eine Ahnung von diesen Dingen zu haben, tauchte da Zeffirino wieder auf, einen goldenen Umberfisch auf seiner Harpune, die er Fräulein De Magistris entgegenstreckte. So hatten die beiden eine Arbeitsteilung gefunden: die Frau nahm den Fisch vom Haken und tat ihn in das kleine Wasserbecken, während Zeffirino sich schon wieder mit dem Kopf unter Wasser begab, um Ausschau nach weiterer Beute zu halten. Vorher aber sah er jedesmal genau hin, ob Fräulein De Magistris aufgehört habe zu weinen; wenn sie das nicht beim Anblick eines Hechtes, eines Umberfisches tat, womit sollte man sie sonst noch trösten?

Goldene Streifen zogen sich an den Flanken des Umberfisches hin, zwei Flossen ragten, eine hinter der anderen, an seinem Rücken empor. Und zwischen diesen beiden Flossen sah das Fräulein eine schmale, tiefe Wunde, die nicht von Zeffirinos Harpune stammte. Der Schnabelhieb einer Möwe mußte den Fisch derart heftig am Rücken getroffen haben, daß es unbegreiflich blieb, wie er hatte mit dem Leben davonkommen können. Wer weiß, wie lange der Umberfisch diesen Schmerz mit sich herumtrug.

Jetzt fuhr ein Zahnfisch, schneller als Zeffirinos Geschoß, in einen Trupp kleiner und unsicherer Heringe hinein. Er kam gerade zurecht, einen Hering zu verschlucken, dann saß ihm die Harpune selbst in der Kehle. Noch nie hatte Zeffirino einen so großen Fang getan.

»Ein Kerl von einem Zahnfisch!« schrie er, während er sich die Maske abriß. »Und ich war hinter den Heringen her. Er schluckte einen, und ich ...« Zeffirino bemühte sich stammelnd, die ungeheuer aufregende Szene wiederzugeben. Unmöglich, einen größeren und schöneren Fisch zu fangen! Konnte Fräulein De Magistris nicht endlich ein wenig an seiner Begeisterung teilnehmen? Sie jedoch betrachtete den dicken, silbrigen Körper, den Schlund, der eben erst einen kleinen Hering verschluckt hatte und in dem nun eine Harpunenspitze steckte ... So war das Leben überall im Meer.

Zeffirino fischte noch eine Brasse mit gelben Streifen, eine dicke, echte Dorade, eine kleine, weißgeschuppte

Boga, eine glatte Makrele und diesen und jenen anderen Fisch. Doch an allen entdeckte Fräulein De Magistris sofort, abgesehen von der Wunde durch Zeffirinos Dreizack, die Einkerbungen durch das Wüten der Wasserflöhe, oder Flecken einer unbekannten Krankheit, oder einen Angelhaken, der seit langem im Schlund steckte. Die Bucht, die der Junge aufgespürt hatte und in der sich alle Fischarten ein Stelldichein gaben, war vielleicht nichts anderes als ein Zufluchtsort von Geschöpfen, die zu einer langen Agonie verurteilt waren, ein Meereslazarett, eine Arena verzweifelter Duelle.

Nun bewegte Zeffirino sich zwischen den Felsen entlang: Polypen! Am Fuß eines Felsblocks klebte eine ganze Kolonie. Schon stak ein fetter, violetter Polyp auf einer Zinke, und aus der Wunde rann eine Flüssigkeit, die verdünnter Tinte glich. Eine seltsame Beklemmung ergriff das Fräulein De Magistris. Um den Polypen aufzubewahren, wurde eine neue Höhlung im Gestein ausgesucht, und Zeffirino wollte sich nicht mehr von dem Anblick der grau-rosigen Haut trennen, deren Farbtönung langsam aber ständig wechselte. Auch war es inzwischen spät geworden, und der Junge war so lange im Wasser gewesen, daß er doch eine Gänsehaut spürte. Doch wäre er nicht Zeffirino, hätte er tatsächlich auf eine eben entdeckte Polypenfamilie freiwillig verzichtet.

Das Fräulein beobachtete den Polypen, sein klebrig feuchtes Fleisch, die Münder der Schröpfköpfe, das rötliche, fast flüssige Auge. Und da geschah es, daß ihr ausgerechnet dieser Polyp, als einziger unter den aufgefischten Lebewesen, ohne Flecken und Qual erschien. Die Fangarme waren von fast menschlich-rosiger Färbung, weich und gewunden, voll verborgener Achselhöhlen, ein Bild des Lebens und der Gesundheit, und in einer schlammigen Zuckung wanden sie sich herum, die Saugnäpfe ein wenig erweiternd. Die Hand der Signorina de Magistris wiederholte in der Luft zärtlich die Windungen des Polypen und machte mit ihren Fingern nach, wie er sich wieder zusammenzog; näher und näher kamen ihre Finger und berührten ihn endlich.

Der Abend sank, eine Welle lief über das Meer. Die Fangarme vibrierten in der Luft wie Geißeln, und plötzlich umklammerte der Polyp mit aller Kraft den Arm des Fräuleins. Auf die Füße springend, als wolle sie vor ihrem eigenen, gefangenen Arm davonrennen, stieß die Signorina De Magistris einen Schrei aus, der etwa besagte: Der Polyp! Der Polyp zerfleischt mich!

Zeffirino, dem es in diesem Augenblick gerade gelungen war, eines Tintenfisches habhaft zu werden, steckte den Kopf aus dem Wasser und erblickte die dicke Dame und den Polypen, der von ihrem Ellbogen aus einen Fangarm ausstreckte und sie am Hals packte. Er hörte sie schreien, es war ein lautes, nicht abreißendes Gebrüll, aber – so schien es dem Jungen – ohne Tränen.

Ein Mann mit einem Messer in der Hand rannte herbei und vollführte heftige Stöße gegen das Auge des Polypen: er köpfte ihn platterdings. Es war Zeffirinos Vater, dessen Korb, mit Muscheln gefüllt, zur Heimkehr bereitstand. Zwischen den Klippen hatte er nach seinem Sohn gesucht, den Schrei gehört und seinen bebrillten Blick auf die Dame gerichtet. Mit dem Messer, das ihm zum Abtrennen der Muscheln diente, war er ihr zu Hilfe geeilt. Die Fangarme sanken in sich zusammen, und Fräulein De Magistris wurde ohnmächtig.

Als sie wieder zu sich kam, sah sie den Polypen in lauter Stücke geschnitten, die Zeffirino und sein Vater ihr schenkten. Sie sollte sie sich zum Abendessen braten. Es war Zeit dafür. Zeffirino hatte sein kurzes Hemd übergezogen. Mit genauen Gesten erklärte der Vater der Dame, wie man ein gutes Polypengericht zubereitete. Zeffirino sah sie an, und zuweilen schien es ihm, als wolle sie gleich wieder anfangen ... aber aus ihren Augen stahl sich keine einzige Träne mehr.

Ein Schiff voller Krebse

Die Jungen von der Piazza dei Dolori badeten zum erstenmal in diesem Jahr an einem Aprilsonntag mit ganz neuem blauem Himmel und fröhlicher junger Sonne. Sie rannten zur Mole hinab, die geflickten Badehosen in der Luft schwenkend, dieser und jener schlurfte schon mit den hölzernen Sohlen der Sandalen durch den Schotter, und die meisten trugen keine Strümpfe, um sie nachher nicht mühsam über die nassen Füße ziehen zu müssen. Sie sprangen über die am Boden ausgestreckten Netze und stiegen über die nackten, schwieligen Füße der Fischer, die danebenhockten und flickten. Zwischen den Klippen am Fuß des Schotterhangs entkleideten sie sich, voller Freude über den säuerlichen Geruch der alten, verfaulten Algen und den Flug der Möwen, die den viel zu großen Himmel auszufüllen suchten. Hemden, Hosen, Schuhe versteckten sie in den Löchern der Felssteine und zwangen so die jungen Frösche zum Abzug; dann begannen sie, barfuß und nackt von einer Klippe zur anderen zu springen und abzuwarten, wer sich als erster zum Kopfsprung entschließen würde.

Das Wasser war ruhig, aber nicht klar, von einem dichten Blau mit harten grünen Reflexen. Gian Maria, genannt Mariassa, stieg auf die Spitze eines höheren Felsens und pfiff auf zwei Fingern, die Faust vor der Nase wie bei der Deckung im Boxkampf.

»Alé«, rief er, streckte die Arme nach vorn und sprang. Ein paar Meter weiter weg tauchte er wieder auf, spie einen langen Wasserstrahl aus und spielte toter Mann.

»Kalt?« fragten die anderen.

»Ganz warm«, schrie er und fing an, heftig mit den Armen zu rudern, um nicht zu Eis zu erstarren.

»Leute! Mir nach!« sagte Cicin, der Wert darauf legte, sich als Häuptling zu fühlen, wenn auch niemand je auf ihn hörte.

Alle sprangen jetzt hinein: Pier Lingera mit einem Salto, Bombolo landete mit einem Bauchklatscher, dann Paolo, Carruba mit normalem Kopfsprung und schließlich Menin, der entsetzlich wasserscheu war und mit den Füßen zuerst hineinplumpste, wobei er sich die Nase mit den Fingern zuhielt.

Pier Lingera, der beste Schwimmer, tauchte sie alle nacheinander unter, dann gingen die anderen vereint auf ihn los und ließen ihn selber Wasser schlucken.

Gian Maria, genannt Mariassa, schlug vor: »Das Schiff! Los, zum Schiff!«

Da lag noch immer das Dampfschiff quer vor dem Hafen, im Krieg hatten die Deutschen es versenkt. Es waren sogar zwei, eines auf dem anderen, aber man sah nur das obere.

»Alé«, sagten alle.

»Kann man raufklettern?« fragte Menin. »Es sind Minen da.«

»Quatsch, Minen!« sagte Carruba. »Die Bande vom kleinen Stadion steigt rauf, wann sie Lust hat, und spielt Krieg.«

Sie schwammen auf das Schiff zu.

»Leute, mir nach!« rief Cicin und wollte sich an die Spitze setzen, aber die anderen schwammen schneller und ließen ihn zurück, bis auf Menin, der wie ein Frosch schwamm und immer der letzte war.

Sie langten neben dem Schiff an, dessen nackte, schimmelige, teerschwarze Wände über ihnen emporragten; die Reste der demontierten Aufbauten standen gegen den neuen blauen Himmel. Eine Flechte verfaulter Algen rankte sich vom Kiel hinauf, und der Anstrich blätterte in großen Flächen ab. Die Knaben schwammen rings um das ganze Schiff, dann blieben sie unter dem Heck, um den fast unleserlich gewordenen Namen zu entziffern: *Abukir, Egypt*. Dann war da noch die Ankerkette, schräg gespannt, so daß sie hin und wieder bei einer Bewegung der Flut aufschimmerte und in den riesigen rostigen Ringen knirschte.

»Wir lassen es lieber«, sagte Bombolo.

»Von wegen«, meinte Pier Lingera und hing schon mit Händen und Beinen an der Kette. Wie ein Affe kletterte er hinauf und die anderen folgten ihm.

Bombolo glitt etwa auf mittlerer Höhe aus und fiel mit dem Bauch nach unten ins Wasser zurück; Menin schaffte es überhaupt nicht alleine, sie mußten ihn zu zweit hinaufziehen.

An Bord gingen sie dann schweigend überall auf dem demontierten Schiff herum, sie suchten nach dem Steuerrad, der Dampfsirene, den Luken und Rettungsbooten, nach all den Dingen, die auf einem Schiff sein müssen. Dieses hier aber war platt wie ein Floß, nur von dem weißlichen Mist der Möwen bedeckt. Fünf Möwen waren da; sie hockten an einem Schott, und als sie die Schritte der bloßen Füße hörten, flogen sie eine nach der anderen mit großem Flügelschlag auf.

»Uah!« rief Paolo hinter ihnen her und warf einen aufgesammelten Brocken nach der letzten.

»Leute, in den Maschinenraum!« befahl Cicin. Bei den Maschinen oder im Laderaum zu spielen, war natürlich noch schöner.

»Ob man wohl auf das Schiff unter diesem hier kann?« fragte Carruba. Das wäre das allerbeste: eingeschlossen da unten, mit dem Meer ringsum und darüber, wie in einem Unterseeboot.

»Das untere ist voller Minen«, erklärte Menin.

»Du bist selbst voller Minen«, riefen die anderen.

Sie kletterten die kleine Leiter hinunter. Nach wenigen Sprossen blieben sie jedoch stehen: zu ihren Füßen begann das Wasser, ein schwarzes Wasser, das im Bauch des Schiffes hin und her schwappte. Regungslos und still blickten die Jungen der Piazza dei Dolori darauf: auf dem Grund des Wassers sahen sie ein dunkles Leuchten von Stacheln: Kolonien von Seeigeln bewegten ihre Dornen. Und die Wände ringsum waren verkrustet mit der bärtigen Haut grüner Algen, die sich wie Rosenstökke an das Eisen der Wände klammerten. Und am Rande der Wasserfläche wimmelten Krebse, Tausende von Krebsen, Krabben und Hummern in allen Formen und in jedem Alter; sie krochen auf ihren krummen, gesprenkelten Beinen dahin, ließen ihre Scheren auf- und zuschnappen und rissen die blicklosen Augen auf. Dumpf schwappte das Meer in dem Becken der eisernen Schiffswände und bespülte die flachen Krebsbäuche. Vielleicht war der ganze Laderaum voll von herumtastenden Krebsen, und eines Tages würde das Schiff sich auf den Krebsbeinen aufrichten und so durch das Meer wandern.

Sie stiegen wieder an Deck empor, auf das Vorderteil. Da sahen sie das Mädchen. Sie hatten es vorher nicht bemerkt, und doch sah es so aus, als sei es schon immer dagewesen. Es war ein Mädchen von ungefähr sechs Jahren, rundlich, mit langem, dichtem Haar. Die Kleine war von Kopf bis Fuß bronzebraun und trug nur eine kleine weiße Hose. Es war unbegreiflich, von woher sie gekommen sein konnte. Sie sah die Jungen nicht einmal an. Aufmerksam beobachtete sie eine Meduse, die rücklings auf den Planken des Decks lag und mit dem weichen Geschlinge ihrer Fangarme in der Luft umhertastete. Mit einem Stecken versuchte das Mädchen, die Meduse wieder auf die richtige Seite zu drehen.

Die Jungen der Piazza dei Dolori versammelten sich mit offenem Mund um die Kleine. Mariassa trat als erster einen Schritt auf sie zu, zog den Schleim in der Nase hoch und sagte: »Wer bist du?«

Sie hob ihre blauen Augen im dunklen pausbäckigen

Gesicht; dann fing sie von neuem damit an, der Meduse mit dem Stock auf die Beine zu helfen.

»Sie wird wohl zu der Bande vom Kleinen Stadion gehören«, meinte Carruba, der meistens an das Nächstliegende dachte.

Die Jungen vom Kleinen Stadion hatten auch Mädchen bei sich, die mit ihnen zum Schwimmen kamen und mit denen sie Ball spielten und auch Krieg mit Holzstöcken.

»Du bist unsere Gefangene«, sagte Mariassa.

»Leute!« rief Cicin, »fangt sie lebendig!«

Das Mädchen setzte sein Manöver mit der Meduse fort.

»Zu den Waffen!« brüllte Paolo, der sich zufällig umgedreht hatte. »Die Bande vom Kleinen Stadion!«

Während sie auf das Mädchen achtgegeben hatten, waren die Jungen vom Kleinen Stadion, die den ganzen Tag im Meer verbrachten, unter Wasser herbeigeschwommen, lautlos an der Ankerkette emporgeklettert und gebückt über die Reling an Deck gelangt. Es waren kleine, untersetzte Burschen, geschmeidig wie Katzen, mit kurzgeschorenen Köpfen und dunkelbrauner Haut. Ihre Badehosen, nicht so lang und nicht schwarz wie die der Dolori-Jungen, bestanden nur aus einem Fetzen weißer Leinwand.

Die Schlacht begann. Die Jungen der Piazza dei Dolori waren mager und nervig, bis auf Bombolo, den Dickwanst; doch aus vielen Zwistigkeiten mit der Bande von San Siro und der von den Grünanlagen, aus ihren Prügeleien in den kleinen Gäßchen der Altstadt, waren sie als fanatische und glühende Kämpfer hervorgegangen. So kam es, daß die vom Kleinen Stadion zwar zuerst die Oberhand gewannen, weil sie die anderen überrumpelt hatten, aber dann klammerten die Dolori-Jungen sich an die Leitern, und es war unmöglich, sie von dort wegzureißen; um keinen Preis wollten sie an die Reling gedrängt werden, wo man leicht ins Wasser stürzen konnte und dann unten hätte weiterkämpfen müssen. Pier Lingera, dem stärksten und ältesten Kameraden, der nur mit ihnen kam, weil er sitzengeblieben war, gelang es endlich, einen vom Kleinen Stadion so weit zurückzudrängen, daß er über Bord fiel.

Da gingen die Jungen der Piazza dei Dolori zur Offensive über; und die vom Stadion, die sich im Wasser mehr zu Hause fühlten und als Realisten keinen übertriebenen Ehrenkodex mit sich herumschleppten, entglitten einer nach dem anderen ihren Feinden und sprangen ins Meer.

»Kommt uns doch nach ins Wasser, wenn ihr es hier mit uns aufnehmt!« riefen sie.

»Leute! Mir nach!« schrie Cicin, und wollte sich schon kopfüber hinter ihnen herstürzen.

»Bist du verrückt? Im Wasser machen sie mit uns, was sie wollen«, sagte Mariassa und hielt ihn zurück. Dann überschüttete er die Fliehenden mit Schmähreden.

Die vom Kleinen Stadion fingen jetzt an, von unten Wasser hinaufzuspritzen, und sie machten das so gut, daß bald kein Platz mehr auf Deck trocken blieb. Schließlich wurden sie müde und schwammen davon, das Gesicht im Wasser und mit angewinkeltem Arm, nur ab und zu emportauchend, um zwischen dem Gesprüh Luft zu holen.

Die von der Piazza dei Dolori hatten das Feld behauptet. Sie gingen zum Bug: das Mädchen stand immer noch dort. Es war ihm gelungen, die Meduse herumzudrehen, und jetzt bemühte es sich, das Tier mit dem Stecken hochzuheben.

»Sie haben uns eine Geisel zurückgelassen«, erklärte Mariassa.

»Leute! Eine Geisel!« schrie Cicin begeistert.

»Feiglinge!« brüllte Carruba hinter den Fliehenden her. »Die Frauen in den Händen der Feinde lassen!«

Sie hatten ein sehr empfindliches Ehrgefühl an der Piazza dei Dolori.

»Du kommst mit uns«, sagte Mariassa und wollte der Kleinen eine Hand auf die Schulter legen.

Sie bedeutete ihm durch ein Zeichen, stehenzubleiben: eben wollte es glücken, die Meduse aufzuheben. Mariassa bückte sich, um zuzusehen. Da zog das Mädchen den Stock hoch, den Stock mit der darüber baumelnden Meduse, zog ihn höher, höher, warf Mariassa die Meduse ins Gesicht.

»Schwein!« rief Mariassa spuckend und rieb sich die Backe.

Das Mädchen sah alle an und lachte. Dann drehte es ihnen den Rücken, ging bis an die Spitze des Bugs, hob beide Arme, führte sie an den Händen zusammen, sprang ab, wobei es die Arme wieder ausbreitete, wie ein Engel, tauchte ins Wasser und schwamm davon, ohne sich umzublicken. Die Jungen der Piazza dei Dolori standen regungslos.

»Sag mal«, fragte Mariassa und rieb sich das Gesicht, »stimmt's, daß die Medusen die ganze Haut verbrennen?«

»Wart es ab, dann weißt du's«, sagte Pier Lingera. »Auf jeden Fall ist's besser, wenn du gleich ins Wasser gehst.«

»Alé!« stimmte Mariassa zu und machte sich mit den anderen auf den Weg.

Plötzlich blieb er stehen: »Von jetzt an müssen wir auch eine Frau in der Bande haben. Menin! Du bringst deine Schwester mit!«

»Meine Schwester ist doof«, erklärte Menin.

»Das macht nichts«, sagte Mariassa, »alé!«

Dann gab er Menin einen Stoß, daß der hinunterstürzte; zum Springen war er ja nun doch einmal nicht zu gebrauchen. Und die anderen warfen sich kopfüber hinter ihm her.

Die Brüder Bagnasco

Ich bin monatelang, oft jahrelang nicht zu Hause. Manchmal kehre ich zurück, und unser Haus in seinem alten rötlichen Verputz, der es schon von ferne durch die dichten, wolkenähnlichen Oliven hindurchschimmern läßt, liegt immer noch oben auf dem Hügel. Es ist ein altes Haus mit Bogengängen, die wie Brücken aussehen, und mit Freimaurerzeichen auf den Wänden, die meine Vorfahren dort angebracht haben, um die Priester zu verscheuchen. Zu Hause ist mein Bruder, der immer irgendwo in der Welt herumfährt, aber öfter als ich heimkehrt. Ich finde ihn stets dort vor, wenn ich komme. Kaum ist er zurück, so stöbert er herum, bis er seinen Jagdrock herausgekramt hat und seine Flanellweste, die Hosen mit dem Ledereinsatz, bis er die Pfeife ausgesucht hat, die am besten zieht, und dann raucht er.

»Oh«, sagt er zu mir, wenn ich ankomme, und es sind vielleicht Jahre, daß wir uns nicht gesehen haben, und er war nicht auf mein Kommen vorbereitet.

»Hallo«, sage ich; und dies alles nicht, weil wir uns nicht leiden könnten, denn träfen wir uns in einer andern Stadt, würden wir das Treffen feiern. Wir würden uns vielleicht sogar auf die Schultern klopfen.

»Sieh mal an«, würden wir sagen; aber bei uns zu Hause ist es anders, bei uns zu Hause sind wir es von jeher anders gewohnt.

Dann treten wir beide in das Haus, die Hände in den Taschen, schweigend, ein wenig verlegen, und plötzlich beginnt mein Bruder zu reden, so als hätten wir gerade erst die Unterhaltung abgebrochen.

»Gestern nacht«, sagt er, »hätte es mit Giacintas Bruder fast ein böses Ende genommen.«

»Hättest ihn umlegen sollen«, sage ich, auch wenn ich nicht weiß, um was es sich handelt. Eigentlich haben wir Lust, uns gegenseitig zu fragen, wo wir herkommen, was wir arbeiten, ob wir genug verdienen, ob wir eine Frau genommen und Kinder haben, aber wir können das ja auch später fragen, jetzt wäre es gegen die Gewohnheit.

»Weißt du, daß wir Freitag nacht dran sind mit dem Wasser vom Pozzo Lungo«, sagt er.

»Freitag nacht, natürlich«, versichere ich, obwohl ich mich nicht daran erinnere und es vielleicht noch nie gewußt habe.

»Du glaubst wohl, daß wir jeden Freitag nachts Wasser bekommen?« sagt er. »Sie leiten es zu sich, wenn man nicht die ganze Nacht aufpaßt. Gestern nacht komme ich da vorbei, es wird so gegen elf gewesen sein, und ich sehe einen mit einer Hacke davonlaufen: das Wasser war auf das Feld von Giacinta geleitet.«

»Du hättest ihn umlegen sollen!« sage ich, und schon bin ich voller Wut: seit Monaten hatte ich vergessen, daß es die Frage des Wassers vom Pozzo Lungo gab, in einer Woche würde ich wieder abreisen und es wieder vergessen, und doch bin ich jetzt voller Wut wegen des Wassers, das sie uns in den vergangenen Monaten gestohlen haben und uns in den kommenden Monaten noch stehlen werden.

Währenddessen laufe ich durch das Haus, und mein Bruder zieht an der Pfeife und folgt mir durch das Treppenhaus und die Zimmer, in denen alte und neue Flinten hängen, Pulvertaschen und Jagdhörner und Köpfe von Gemsen. Die Treppen und die Zimmer sind stickig und wurmstichig, und an den Wänden hängen Freimaurerzeichen und keine Kruzifixe. Mein Bruder erzählt von den Tagelöhnern und was sie alles stehlen, und von den schlechten Ernten, den fremden Ziegen, die auf unsern Wiesen weiden, von unserm Wald, in dem sich das ganze Tal Holz schlägt. Und dabei ziehe ich aus den Kisten Jakken, Ledergamaschen, Westen mit langen Taschen ringsherum, um die Patronen hineinzustecken, und ich lege die zerknitterten Stadtkleider ab und sehe mich im Spiegel ganz in Leder und Filz.

Kurz danach schon gehen wir mit der Doppelflinte über der Schulter den Saumpfad entlang und wollen irgend etwas in der Luft oder auf der Erde schießen. Nach kaum hundert Schritten fliegt uns ein kräftig geworfener Kieshagel in den Nacken; wahrscheinlich aus einer Schleuder. Anstatt uns sofort umzudrehen, tun wir so, als wäre nichts, gehen weiter und lassen die Mauer des Weinbergs oberhalb der Straße nicht aus den Augen. Zwischen den vom Schwefeln grauen Blättern lugt das Gesicht eines kleinen Jungen hervor, ein rundes und rotes Gesicht mit Sommersprossen, die unter den Augen dichter werden: wie ein Pfirsich, der von Läusen angefressen wird.

»Weiß der Teufel, sie hetzen jetzt auch schon die Kinder auf uns!« sage ich und beginne, auf ihn zu fluchen.

Der Junge zeigt sich nochmals, streckt die Zunge heraus und läuft davon. Mein Bruder springt über die Gittertür des Weinbergs und fängt an, ihm durch die Reben nachzulaufen und tritt auf die Setzlinge, ich hinterher, bis wir ihn eingeholt haben. Mein Bruder packt ihn bei den Ohren, ich merke, daß ich ihm wehtue, trotzdem ziehe ich, und je mehr ich ihm wehtue, um so wütender werde ich, und wir schreien:

»Das ist für dich und das für deinen Vater, der dich geschickt hat.«

Der Junge heult, beißt mich in den Finger und läuft fort; eine schwarze Frau taucht hinten in den Reihen auf, verbirgt seinen Kopf in den Falten ihrer Schürze und beginnt uns mit erhobener Faust anzuschreien:

»Feiglinge! Sich an einem Kinde zu vergreifen! Immer noch genau so brutal. Einer wird's euch schon heimzahlen, wartet nur!«

Aber schon sind wir achselzuckend den Weg weitergegangen, weil man Frauen nicht antwortet.

Unterwegs begegnen uns zwei Männer, die unter der Last der Holzbündel fast im rechten Winkel gebeugt daherkommen.

»He, ihr beiden«, wir halten sie an, »wo habt ihr das Holz geholt?«

»Wo es uns gefällt«, sagen sie und wollen weitergehen.

»Wenn ihr es aus unserm Wald geholt habt, lassen wir es euch zurücktragen und hängen euresgleichen gleich dazu an den Bäumen auf.«

Die Männer haben ihre Last auf dem Mäuerchen abgesetzt und schauen uns an, schweißbedeckt unter den sackleinenen Kapuzen, die ihre Köpfe und Schultern schützen.

»Wir wissen nicht, was euch gehört oder nicht. Wir kennen euch nicht.«

Tatsächlich scheinen es neue Leute zu sein, vielleicht Arbeitslose, die jetzt Holz schlagen. Ein Grund mehr, sich bekannt zu machen.

»Die Bagnasco sind wir. Nie gehört?«

»Wir wissen nichts, von niemandem. Das Holz haben wir im Gemeindewald geschlagen.«

»Im Gemeindewald ist es verboten. Wir rufen die Polizei und lassen euch einsperren.«

»He, natürlich wissen wir, wer ihr seid«, platzt einer von ihnen heraus, »wie sollte man euch nicht kennen, immer bereit, den armen Leuten etwas anzuhängen. Aber einmal wird's ein Ende haben.«

Ich fange an: »Was wird ein Ende haben?« dann aber entschließen wir uns, die Sache auf sich beruhen zu lassen und entfernen uns, abwechselnd fluchend.

Nun ist es so, daß mein Bruder und ich, wenn wir von zu Hause fort sind, uns mit Schaffnern und Zeitungsverkäufern unterhalten, dem Feuer geben, der uns darum bittet, und den darum bitten, der uns welches gibt. Hier ist es anders, hier sind wir immer so gewesen, wir strolchen mit der Flinte umher und suchen überall Streit.

Im Gasthaus am Paß ist der Sitz der Kommunisten: draußen hängt eine Tafel, auf der Zeitungsausschnitte und beschriebene Zettel mit Reißnägeln befestigt sind. Im Vorübergehen sehen wir ein Gedicht angeschlagen, daß die Herren immer die gleichen sind und die, die früher Ausbeuter waren, die Brüder von denen sind, die es jetzt sind. »Die Brüder« ist unterstrichen, weil das einen Doppelsinn hat, der gegen uns gerichtet ist. Wir schreiben auf den Zettel: »Feiglinge und Lügner« und unterzeichnen: »Giacomo Bagnasco und Michele Bagnasco.«

Und doch essen wir, wenn wir fort sind, unsere Suppe auf den mit kaltem Wachstuch bedeckten Tischen, wo die andern Männer essen, die nicht zu Hause arbeiten, und wir graben mit den Nägeln in dem Teig des grauen, schlammigen Brotes; und dann spricht der Tischnachbar von dem, was in der Zeitung steht, und auch wir sagen: »Es gibt noch immer Ausbeuter auf der Welt. Aber eines Tages wird es besser werden.« Hier würde uns das nicht gelingen; hier ist das Land, das nichts trägt, die Tagelöhner, die stehlen, die Hilfsarbeiter, die während der Arbeit schlafen, die Leute, die hinter uns herspukken, weil wir nicht selbst unser Land bearbeiten und – wie sie sagen – nur gut dazu sind, die anderen auszunutzen.

Wir kommen an eine Stelle, wo es wilde Tauben geben müßte, und suchen uns zwei Plätze zum Warten. Aber gleich wird uns das Stillsitzen langweilig, und mein Bruder zeigt mir ein Haus, in dem zwei Mädchen wohnen, und er pfeift der einen, die sein Schatz ist. Sie kommt herunter: sie hat eine breite Brust und haarige Beine.

»Schau mal, ob nicht auch deine Schwester Adeline

kommt, denn mein Bruder Michele ist da«, sagt er zu ihr.

Das Mädchen geht ins Haus zurück, und ich erkundige mich bei meinem Bruder: »Ist sie hübsch? Ist sie hübsch?«

Mein Bruder läßt sich nicht weiter aus: »Sie ist dick. Ist in Ordnung.«

Sie kommen beide heraus, und meine ist wirklich dick und groß, doch für einen solchen Nachmittag mag sie gut sein. Erst stellen sie sich an und sagen, daß sie sich nicht mit uns sehen lassen könnten, weil sie sich sonst das ganze Tal zum Feinde machten, aber wir sagen ihnen, sie sollten sich nicht so haben, und gehen mit ihnen zu dem Platz, wo wir vorher auf die Tauben gewartet haben. Mein Bruder bringt es sogar fertig, dabei von Zeit zu Zeit einen Schuß abzugeben; er hat sich angewöhnt, ein Mädchen mit auf die Jagd zu nehmen.

Nachdem ich eine Weile mit Adelina dort bin, fühle ich zwischen Kopf und Schultern eine neue Salve Kies. Ich sehe den Jungen mit den Sommersprossen sich aus dem Staube machen, aber ich habe keine Lust, ihm nachzulaufen, und fluche hinter ihm her.

Schließlich sagen die Mädchen, daß sie zum Abendsegen müßten.

»Macht, daß ihr fortkommt, und lauft uns nicht wieder über den Weg«, sagen wir.

Dann erklärt mir mein Bruder, daß die beiden die größten Huren im Tal sind und Angst haben, von den anderen Burschen mit uns gesehen zu werden, weil die dann aus Verachtung nicht mehr mit ihnen gingen. Ich schreie in den Wind: »Huren!« aber im Grunde tut es mir leid, daß nur die beiden größten Huren des Tals mit uns gehen.

Der Kirchplatz von San Cosimo und Damiano ist voller Leute, die auf den Segen warten. Sie weichen uns aus, und alle sehen uns schief an, auch der Priester, weil die Bagnasco seit Generationen nicht mehr in die Messe gehen.

Im Weitergehen hören wir etwas neben uns auf die Erde fallen. »Der Junge!« rufen wir und sind schon auf dem Sprung, ihm nachzulaufen. Aber es ist eine faule Mispel, die sich von einem Zweig gelöst hat. Wir gehen weiter und spielen mit den Steinen Fußball.

Mann im Steppengras

Frühmorgens sieht man die Insel Korsika: man könnte meinen, ein mit Bergen beladenes Schiff, das weit hinten am Horizont schwebt. In jedem andern Land hätten sich Legenden um diese Insel gebildet; bei uns nicht: Korsika ist ein armes Land, noch ärmer als unseres, nie ist jemand dorthin gefahren, und nie ist jemand auch nur auf diesen Gedanken gekommen. Wenn man morgens Korsika sieht, bedeutet es, daß das Wetter klar und beständig bleibt und es nicht regnen wird.

In der Dämmerung eines solchen Morgens stiegen mein Vater und ich die Steinpfade von Colla Bella hinauf, den Hund an der Kette. Brust und Rücken hatte mein Vater in Schal, Mantel, Jagdrock, Tasche, Feldflasche und den Patronengurt eingewickelt, und oben schaute ein weißer Ziegenbart hervor, die Beine steckten in einem Paar völlig zerkratzter Ledergamaschen. Ich trug ein enges und abgetragenes Jäckchen, das Handgelenke und Hüften frei ließ, und Hosen, die ebenfalls eng und abgetragen waren, und ich machte ebenso große Schritte wie mein Vater, hatte aber die Hände in den Taschen vergraben und den langen Hals zwischen den hochgezogenen Schultern versteckt. Beide trugen wir alte Jagdflinten, gut gearbeitet, aber verkommen und vom Rost zerfressen. Der Hund war ein Jagdhund mit herabhängenden Ohren, die auf der Erde schleiften, und mit kurzem Fell auf den abgeschürften Schenkeln; er zog eine alte Kette hinter sich her, die für einen Bären genügt hätte.

»Du bleibst mit dem Hund hier«, sagte mein Vater. »Von hier aus kannst du auf beide Pfade schießen. Ich gehe zum andern Paß. Wenn ich ankomme, pfeife ich, und du bindest den Hund los. Halt die Augen offen, denn ein Hase ist im Nu vorbei.«

Mein Vater stieg den Steinpfad weiter hinauf, und ich hockte mich mit dem Hund auf die Erde, der heulte, weil er meinem Vater folgen wollte.

Colla Bella ist eine Anhöhe mit farblosen Abhängen voller Steppengras, hartem kurzem Gras und eingestürzten Mauern alter Terrassen. Weiter unten beginnt das schwarze Gewölk der Olivenhaine, weiter oben der Wald, rötlich und zerzaust von den Bränden, wie der Rükken eines alten Hundes. Die Dinge verwischten sich im Grau der Morgendämmerung, als ob man sie mit halb geöffneten, noch verschlafenen Augen betrachtete. Das Meer war von Nebelstreifen durchzogen, so daß man die Horizontlinie nicht erkennen konnte.

Ich hörte den Pfiff meines Vaters. Der Hund, von der Kette losgemacht, sauste mit großen Zickzacksprüngen den Steinpfad hinauf und erfüllte die Luft mit Gebell. Dann wurde er still, begann die Erde zu beschnüffeln und lief eifrig schnuppernd fort mit erhobenem Schwanz, unter dem ein weißer, rautenförmiger Fleck wie ein Licht aufleuchtete.

Ich hielt das Gewehr schußbereit auf die Knie gestützt und starrte auf die Kreuzung, weil man ja einen Hasen im Nu verpassen kann. Die Morgenröte deckte jetzt die Farben eine nach der anderen auf. Zuerst das Rot der Beeren des Aronstabs und einzelne Ausschnitte auf den Pinienstämmen. Dann das Grün, die hundert, die tausend Grüns der Wiesen, der Sträucher des Waldes, kurz vorher noch alle gleichfarbig, jetzt aber entstand jeden Augenblick ein neues Grün, das sich von den anderen unterschied. Dann das Blau: das grelle Blau des Meeres, das alles übertönte und den Himmel blaß und ängstlich erscheinen ließ. Korsika, vom Licht aufgesogen, verschwand, aber zwischen Meer und Himmel lief die Grenzlinie nicht zusammen: Es blieb dieser zweideutige und verlorene Streifen, den man nicht anzusehen wagt, weil es ihn nicht gibt.

Auf einmal erschienen Häuser, Dächer und Straßen zu Füßen der Hügel am Ufer des Meeres. Jeden Morgen wurde die Stadt so aus dem Reich der Schatten neu geboren, ganz plötzlich, mit gelbroten Ziegeln, blinkenden Glasscheiben und kalkigen, verputzten Wänden. Das Licht beschrieb sie jeden Morgen in den kleinsten Einzelheiten, erzählte von all ihren Gassen, nannte all ihre Häuser. Dann kam es herauf auf die Hügel, wo es immer neue Details enthüllte, neue Erdterrassen, neue Häuser. Es erreichte Colla Bella, gelb und versteppt und einsam, und entdeckte auch dort oben ein vereinzeltes Haus, das höchstgelegene Haus vor dem Wald, einen Schuß weit von meinem Gewehr, das Haus von Baciccin dem Seligen.

Das Haus von Baciccin dem Seligen erschien im Schatten wie ein Steinhaufen: Es war umgeben von einer Terrasse aus krustiger grauer Erde, wie die einer Mondlandschaft, aus der sich verkümmerte Pflanzen erhoben, als würden dort dürre Stecken angebaut. Man hatte Drähte gespannt wie zum Aufhängen von Wäsche, es war aber ein Weinberg mit schwindsüchtigen, zum Skelett abgemagerten Pflanzen. Nur ein schmächtiger Feigenbaum schien kräftig genug, Blätter zu treiben, und wand sich am Rand der Terrasse unter ihrem Gewicht.

Baciccin trat heraus: Er war so hager, daß er sich ins Profil stellen mußte, wenn man ihn sehn wollte, sonst sah man nur den Schnurrbart, der grau war und abstand. Baciccin trug eine Wollmütze mit Ohrenklappen auf dem Kopf und einen Rock aus grober Leinewand. Er sah mich auf der Lauer liegen und kam näher.

»Hasen, Hasen«, sagte er.

»Ja Hasen, immer Hasen«, antwortete ich.

»Hab letzte Woche auf einen so großen hier auf dem Abhang geschossen. Wie von hier bis da. Daneben.«

»Der böse Blick.«

»Ja, der Böse Blick, der böse Blick. Nein, mit den Hasen hab ich kein Glück. Ich lege mich lieber unter die Pinie und warte auf Drosseln. An einem Morgen verschießt man fünf bis sechs Ladungen.«

»So macht Ihr Euch eine Mahlzeit, Baciccin der Selige.«

»Schon, nur verfehle ich doch alle.«

»Kommt vor. Sind die Patronen.«

»Die Patronen, die Patronen.«

»Mit denen, die man kauft, wird man reingelegt. Macht sie Euch doch selbst.«

»Schon. Ich mache meine ja selbst. Vielleicht mach ich es falsch.«

»Ja, das muß man können.«

»Freilich, freilich.«

Inzwischen hatte er sich mit verschränkten Armen mitten auf die Kreuzung gesetzt und blieb da sitzen. Kein Hase würde je vorbeikommen, wenn er blieb. Jetzt sage ich ihm, daß er aufstehn soll, dachte ich, sagte es ihm aber nicht, und er blieb weiter sitzen.

»Und es regnet nicht, es regnet nicht«, sagte Baciccin der Selige.

»Habt Ihr heute früh Korsika gesehen?«

»Korsika. Und ganz trocken. Korsika.«

»Schlechtes Jahr, Baciccin der Selige.«

»Schlechtes Jahr. Hatte Saubohnen gepflanzt.«

»Sind sie gekommen?«

»Gekommen? Nein.«

»Man hat Euch schlechten Samen verkauft, Baciccin.«

»Schlechter Samen. Schlechtes Jahr. Acht Artischokkenpflanzen.«

»Donnerwetter.«

»Ratet, wie viele getragen haben.«

»Sagt schon.«

»Alle eingegangen.«

»Donnerwetter.«

Aus dem Haus kam Constanzina heraus, die Tochter Baciccins des Seligen. Sie mochte sechzehn Jahre alt sein, ihr Gesicht war geformt wie eine Olive, auch die Augen, der Mund, die Nasenflügel waren wie Oliven geformt, und die Zöpfchen hingen ihr auf die Schultern. Sie hatte gewiß auch Brüste wie Oliven, alles im gleichen Stil, einheitlich wie eine Statuette, wild wie eine Ziege, und die Wollstrümpfe reichten ihr bis zu den Knien.

»Constanzina«, rief ich.

»Oh?«

Aber sie kam nicht näher, sie fürchtete, die Hasen zu verscheuchen.

»Er bellt noch nicht, hat noch keinen aufgescheucht«, sagte Beato.

Wir horchten.

»Er bellt nicht, wir können noch bleiben«, und er ging fort.

Constanzina setzte sich neben mich. Baciccin der Selige ging auf seiner trostlosen Terrasse hin und her, um die kärglichen Reben zu begießen. Von Zeit zu Zeit unterbrach er seine Arbeit und kam zum Plaudern zu uns herüber.

»Was gibt's Neues auf Colla Bella, Tancina?« fragte ich.

Das Mädchen begann eifrig zu erzählen: »Gestern habe ich da oben große Hasen im Mondschein springen sehn. Die machten: Gih! Gih! Gestern ist hinter der Eiche ein Pilz gewachsen. Giftig, rot mit weißen Punkten. Ich habe ihn mit einem Stein kaputtgeschlagen. Eine große gelbe Natter ist mittags den Pfad heruntergekommen. Sie lebt da im Gebüsch. Du darfst keinen Stein auf sie werfen, sie ist gut.«

»Wohnst du gern auf Colla Bella, Tancina?«

»Abends nicht; der Nebel steigt schon um vier Uhr herauf, und die Stadt verschwindet; dann, in der Nacht, hört man die Eulen schreien.«

»Angst vor den Eulen?«

»Nein, Angst vor den Bomben, den Flugzeugen.«

Baciccin näherte sich.

»Und der Krieg, wie steht es mit dem Krieg?«

»Der Krieg ist Gott sei Dank vorbei, Baciccin.«

»Gut. Und was gibt es statt des Krieges? Ich glaube auch nicht daran, daß er vorbei ist. Das hat man schon so oft gesagt, und dann hat er schon so oft auf andre Weise wieder angefangen. Hab ich unrecht?«

»Nein, recht habt Ihr.«

»Gefällt dir Colla Bella besser oder die Stadt, Tancina?« fragte ich.

»In der Stadt gibt es einen Schießstand«, antwortete sie, »Trambahnen, Leute, die sich drängen, das Kino, Eis, den Strand mit den Sonnenschirmen.«

»Die da«, sagte Baciccin, »ist nicht so wild auf die Stadt, aber der anderen gefiel es da so gut, daß sie nicht wiedergekommen ist.«

»Wo ist sie jetzt?«

»Wer weiß.«

»Wer weiß. Wenn es wenigstens regnete.«

»Wahrhaftig. Wenn es nur regnete. Korsika heute morgen. Hab ich recht?«

»Recht habt Ihr.«

In der Ferne brach Gebell los.

»Der Hund hat einen Hasen aufgescheucht«, sagte ich.

Baciccin blieb auf dem Pfad stehen, die Arme verschränkt.

»Jetzt hetzt er ihn. Er hetzt gut«, sagte er. »Ich hatte mal eine Hündin, die Cibilla hieß. Drei Tage lang konnte sie hinter einem Hasen her sein. Einmal hat sie einen auf der höchsten Stelle des Waldes aufgespürt und ihn mir bis zwei Meter vor die Flinte gebracht. Zwei Salven hab ich ihm verpaßt. Daneben.«

»Man kann nicht immer Glück haben.«

»Das kann man nicht. Ja, und sie hat ihn dann noch zwei Stunden lang gehetzt...«

Man hörte zwei Schüsse, dann kam das Gebell immer näher.

»...Nach zwei Stunden«, begann Baciccin wieder, »brachte sie mir den Hasen wieder ebenso nah heran. Hab ihn wieder verfehlt, zum Teufel.«

Plötzlich erschien ein großer Hase keuchend auf dem Pfad, kam fast bis an Baciccins Beine heran, wich dann ins Gebüsch aus und verschwand. Auch ich hatte nicht rechtzeitig gezielt.

»Zum Teufel!« schrie ich.

»Was ist los?« fragte der Selige.

»Nichts«, sagte ich.

Auch Constanzina hatte nichts gesehen, sie war ins Haus zurückgegangen.

»Gut«, begann Baciccin wieder, »hörte doch diese Hündin nicht auf, den Hasen zu hetzen und ihn mir so oft zu bringen, bis ich ihn kriegte. Was für eine Hündin!«

»Wo ist sie jetzt?«

»Ist mir davongelaufen.«

»Nun ja, man kann nicht immer Glück haben.«

Mein Vater kam mit dem keuchenden Hund zurück. Er fluchte.

»Um ein Haar. Von hier bis da. Ein so großes Vieh! Habt ihr es gesehen?«

»Nichts«, sagte der Selige.

Ich hängte das Gewehr um, und wir machten uns an den Abstieg.

Mahlzeit mit einem Hirten

Es war ein Fehler unseres Vaters, einer seiner üblichen. Er hatte den jungen Mann aus einem Gebirgsdörfchen kommen lassen, damit er uns die Ziegen hüten sollte. Und am Tage, als er eintraf, wollte er ihn mit uns zu Tisch bitten.

Unser Vater hat keinen Sinn für die Unterschiede zwischen den Menschen, den Unterschied zwischen einem Eßzimmer wie dem unsrigen mit eingelegten Möbeln, dunkel gemusterten Teppichen, Majoliken und ihren schmutzig-düsteren Steinhäusern mit festgestampfter Erde als Fußboden und fliegenstarrenden Girlanden aus Zeitungspapier auf der Ummantelung der Kamine. Unser Vater bewegt sich überall mit seiner heiteren Unbekümmertheit, die keine Umstände wünscht; er will nicht, daß man ihm für ein neues Gericht den Teller wechselt, und wenn er auf Jagd geht, laden ihn alle ein und kommen abends zu ihm, um ihre Streitigkeiten beizulegen. Bei uns Söhnen ist das anders. Allenfalls kann noch mein Bruder mit der schweigenden Komplizenmiene, die er aufzusetzen pflegt, eine grob-vertrauliche Mitteilung einheimsen; ich hingegen weiß, wie schwierig die Verständigung zwischen menschlichen Wesen ist, und spüre in jedem Augenblick, daß sich die Trennungen zwischen sozialen Klassen und Kulturen unter mir öffnen wie Abgründe.

Er tritt ein; ich lese die Zeitung. Und mein Vater hält ihm große Reden. War denn das nötig, er wurde dadurch ja immer verwirrter! Doch nein! Ich schaute auf: Da stand er mitten im Zimmer, mit schweren Händen, das Kinn gegen die Brust gepreßt, und blickte eigensinnig vor sich hin. Er war ein Hirt, etwa in meinem Alter, mit dichtem holzigen Haar und runden, bogenförmigen Gesichtszügen: so waren die Stirn, die Augäpfel, die Kinnbacken. Er trug ein dunkles Soldatenhemd, das gewaltsam über dem Adamsapfel zugeknöpft war, und einen schiefsitzenden schäbigen Anzug; die großen knotigen Hände und die dicken plumpen Stiefel auf dem glänzenden Fußboden schienen daraus hervorzuquellen.

»Das ist mein Sohn Quinto«, sagte mein Vater, »er geht aufs Gymnasium.«

Ich stand auf, bemühte mich, einen lächelnden Ausdruck anzunehmen, und meine ausgestreckte Hand berührte sich mit der seinen, worauf wir sie sofort zurückzogen, ohne uns anzublicken. Mein Vater hatte schon begonnen, Dinge von mir zu erzählen, die niemanden interessierten: wieviel Zeit ich noch bis zur Abschlußprüfung brauchte, daß ich einmal in der Heimat des jungen Mannes auf der Jagd einen Siebenschläfer geschossen hätte; und jedesmal, wenn er mir etwas Unrichtiges zu sagen schien, zuckte ich die Achseln mit einem »Ich? Nein, – das stimmt nicht!« Der Hirt blieb stumm und verschlossen, und man wußte nicht, ob er zuhörte: von Zeit zu Zeit warf er einen schnellen Blick auf eine Wand, einen Vorhang: wie ein Tier, das im Käfig einen Spalt sucht.

Mein Vater hatte bereits das Thema gewechselt; er ging jetzt im Zimmer umher, sprach von gewissen Küchenkräutern, die in diesen Gebirgstälern angepflanzt wurden, und befragte den jungen Mann hierüber; der aber, mit dem Kinn auf der Brust und halb geschlossenem Munde, gab zur Antwort, daß er nichts darüber wisse. Hinter meiner Zeitung versteckt, wartete ich darauf, daß das Essen aufgetragen würde. Mein Vater jedoch hatte den Gast schon Platz nehmen lassen und aus der Küche eine Gurke geholt, die er ihm auf einem Teller in dünne Scheiben schnitt, damit er sie, wie er sagte, als Vorspeise nehmen sollte.

Meine Mutter trat ein, hochgewachsen und schwarzgekleidet, mit Spitzenrüschen und dem gleichmütigen Scheitel zwischen dem weißen und glatten Haar. »Ach, da ist ja unser Hirtenknabe!« sagte sie, »hattest du eine gute Reise?« Der junge Mann stand nicht auf und antwortete nicht; er schaute meine Mutter an, und aus seinem Blick sprachen Mißtrauen und Verständnislosigkeit. Ich war mit ganzem Herzen auf seiner Seite: ich mißbilligte den gütig-überlegenen Ton, den meine Mutter anschlug, dieses seigneurale ›Du‹, mit dem sie ihn bedachte; hätte sie doch wenigstens im Dialekt gesprochen, wie unser Vater! Sie sprach jedoch italienisch, ein kaltes Italienisch, das auf den armen Hirten die Wirkung einer Marmorwand haben mußte.

Ich wollte die Unterhaltung von ihm ablenken, ihn beschützen. Deshalb las ich eine Meldung aus der Zeitung vor, eine Meldung, die nur unsere Eltern interessieren konnte. Es handelte sich um ein Erzvorkommen, das man in einem afrikanischen Gebiet entdeckt hatte, wo Bekannte von uns lebten. Ich hatte absichtlich eine Nachricht ausgewählt, die mit unserem Gast rein gar nichts zu tun hatte und in der es von ihm unbekannten Namen wimmelte; das tat ich nicht, um ihn seine Isolierung noch stärker spüren zu lassen, sondern weil ich ihn gleichsam mit einem Graben umschließen wollte, um ihm eine Atempause zu verschaffen und einen Augenblick die aufdringlichen Aufmerksamkeiten meiner Eltern von ihm abzuziehen. Vielleicht wurde mein Vorgehen auch von ihm selbst falsch aufgefaßt; jedenfalls hatte es die entgegengesetzte Wirkung. Denn mein Vater begann eine seiner afrikanischen Geschichten auszugraben und verwirrte den jungen Mann mit einem Schwall sonderbarer Namen von Orten, Völkerschaften und Tieren.

Sie servierten bereits die Suppe, als meine Großmutter in ihrem Rollstuhl erschien, der von meiner armen Schwester Cristina geschoben wurde. Sie mußten der

Großmutter laut ins Ohr schreien, worum es sich handelte. Ja, meine Mutter stellte sogar regelrecht vor: »Das ist Giovannino, der uns die Ziegen hüten wird. Meine Mutter. Meine Tochter Cristina!«

Ich wurde für ihn rot vor Scham, weil sie ihn Giovannino nannte; wer weiß, wie anders dieser Name in dem abgeschlossenen und rauhen Gebirgsdialekt klang: sicherlich war es das erste Mal, daß er sich so nennen hörte.

Mit ihrer patriarchalischen Gelassenheit pflichtete meine Großmutter bei: »Bravo, Giovannino, hoffentlich läßt du sie nicht entwischen, die Ziegen, wie!« Meine Schwester Cristina, welche die seltenen Gäste stets als höchste Respektpersonen ansah, kam ganz verängstigt hinter der Rollstuhllehne, die sie fast verdeckt hatte, hervor und murmelte: »Sehr erfreut«; zugleich reichte sie dem jungen Manne die Hand, der sie schwerfällig berührte.

Er saß auf seinem Stuhlrand, der Hirte, aber schob die Schultern zurück, und die Hände lagen ausgebreitet auf dem Tischtuch; so starrte er wie gebannt auf meine Großmutter. Diese gelähmte alte Frau in dem großen Stuhl, mit ihren Pulswärmern, die die unbestimmt in der Luft herumfuchtelnden blutleeren Finger freiließen, mit dem feinen Gesichtchen unter der Lawine ihrer Runzeln, den Brillengläsern, die sich gegen ihn richteten und irgendeine Form aus jener ihr von den Augen übermittelten Anhäufung verworrener Schatten und Farben zu entziffern suchten, – das alles mußte ihm neu vorkommen, ganz anders als die Greisengestalten, denen er bis dahin begegnet war.

Meine arme Schwester Cristina, die ihrerseits genau so verstört war wie immer, wenn sie neue Gesichter erblickte, durchquerte jetzt das Zimmer, während sie die Hände stets unter dem kleinen Schal verschränkt hielt, der ihre mißgestalteten Schultern modellierte; sie hob den Kopf mit dem von vorzeitigen grauen Strähnen durchzogenen Haar, dem von Überdruß über ihr eingeschlossenes Dasein vergrämten Gesicht, blickte mit ihren hellen und bestürzten Augen auf die Fensterscheiben und sagte: »Da war ein Kahn im Meer, ich hab ihn gesehen. Und zwei Matrosen, die ruderten und ruderten. Dann verschwand er hinter dem Dach eines Hauses, und niemand hat ihn je wiedergesehen.«

Es lag mir nun daran, unseren Gast sofort über den traurigen Zustand unserer Schwester ins Bild zu setzen, damit er nicht mehr darauf achtgeben und sich nicht in Vermutungen ergehen sollte. Ich sprang daher auf und rief mit gezwungener und völlig unangebrachter Heftigkeit: »Wie kannst du denn Männer in einem Boot von unserem Fenster aus gesehen haben? Dafür sind wir doch zu weit entfernt!«

Meine Schwester blickte weiter durch die Fensterscheiben: nicht aufs Meer, sondern in den Himmel. »Zwei Männer in einem Kahn. Und sie ruderten und ruderten. Sie hatten auch eine Fahne, die Trikolore.«

Mir wurde jetzt klar, daß der Hirt, wenn er meiner Schwester zuhörte, nichts von jener verwirrten Beklommenheit zeigte, die ihn durch die Gegenwart aller anderen zu befallen schien. Vielleicht hatte er nun endlich etwas gefunden, was in seine Vorstellungen hineinpaßte – einen Berührungspunkt zwischen unserer und seiner Welt. Und ich mußte an die Schwachsinnigen denken, die man so häufig in den Gebirgsdörfern antrifft, wo sie lange Stunden auf den Häuserschwellen zwischen Fliegenwolken verbringen und mit ihren klagenden Faseleien die ländlichen Nächte verdüstern. Durch dieses Mißgeschick unserer Familie, das er verstand, weil es auch seinen Leuten bekannt war, kam er uns vielleicht näher als durch die skurrile Vertraulichkeit unseres Vaters, das mütterliche und fürsorgliche Gebaren der Frauen oder mein linkisches Absondern.

Mein Bruder erschien wie üblich zu spät, während wir

schon die Löffel in der Hand hatten. Er tritt ein und ist durch einen Blick schon völlig im Bilde, bevor ihm noch mein Vater die ganze Geschichte erklärt und ihn vorgestellt hat: »Mein Sohn Marco, der sich auf das Notariat vorbereitet« – schon sitzt er am Tisch und ißt, ohne mit der Wimper zu zucken, ohne jemanden anzublicken, mit kalten Brillengläsern, die schwarz zu sein scheinen – so undurchdringlich sind sie – und mit seinem düsteren Bärtchen, das glatt und starr ist. Es sieht so aus, als hätte er alle begrüßt und sich wegen seines Zuspätkommens entschuldigt und vielleicht auch den Gast eines gewissen Lächelns gewürdigt; statt dessen hat er seine Lippen nicht bewegt und keine Falte der verächtlichen Stirn geglättet. Nun weiß ich, daß der Hirt einen mächtigen Verbündeten an seiner Seite hat, der ihn mit seiner steinernen Schweigsamkeit beschützen und ihm in jener unbehaglichen Atmosphäre, wie nur er, Marco, sie zu schaffen vermag, einen rettenden Ausweg öffnen wird.

Gekrümmt über dem Suppenteller aß der Hirt, schmatzend und geräuschvoll. Darin waren wir drei Männer alle auf seiner Seite und überließen es den Frauen, die Etikette hochzuhalten: unser Vater wegen seiner expansiven und lärmenden Art, mein Bruder aus herrischer Entschiedenheit, ich wegen meines unbeholfenen Wesens. Dieses neue Bündnis, diese Rebellion von uns Vieren gegen die Frauen freute mich, denn so war der Hirte nicht mehr allein. Bestimmt mißbilligten uns die Frauen in diesem Augenblick und sagten es nur nicht, um uns nicht voreinander zu demütigen: die Hausbewohner vor dem Gast und umgekehrt. Aber war sich der Hirt dessen bewußt? Bestimmt nicht!

Mit ihrer sanftesten Stimme ging meine Mutter zum Angriff über: »Und wie alt bist du eigentlich, Giovannino?«

Der junge Mann nannte die Zahl, die wie ein Aufschrei klang. Sie wiederholte sie leise. »Wie?« fragte die Großmutter und wiederholte sie falsch. »Nein! So alt ist er…«, und damit schrien sie ihr alle die richtige Zahl ins Ohr. »Ein Jahr älter als Quinto«, entdeckte meine Mutter, was man wiederum der Großmutter erklären mußte. Ich litt unter diesem Vergleich zwischen uns beiden: zwischen ihm, der anderer Leute Ziegen hüten und nach Bock stinken mußte, um sein Leben zu fristen, der so stark war, daß er Eichen fällen konnte, und mir, der ich auf dem Sofa lag und neben dem Radio Opernlibretti las, der ich bald die Universität besuchen würde und wegen des Juckreizes auf dem Rücken kein Flanell auf der bloßen Haut tragen wollte. Die Dinge, die mir gefehlt hatten, um wie er zu werden, und die Dinge, die ihm gefehlt hatten, um wie ich zu werden, empfand ich nun als Ungerechtigkeit, durch die er und ich zu zwei unvollkommenen Wesen wurden – zwei Wesen, die sich mißtrauisch und voller Scham hinter der Suppenterrine versteckten.

In diesem Augenblick erkundigte sich meine Großmutter: »Bist du denn schon Soldat gewesen, sag?« Es war eine unangebrachte Frage; sein Jahrgang war noch nicht einberufen und hatte kaum die erste Musterung hinter sich. »Des Papstes Soldat!« sagte unser Vater; es war das einer seiner Geistesblitze, die niemanden zum Lachen brachten. »Sie haben mich zur Nachmusterung bestellt«, sagte der Hirt. »Ach, bist du u. k. gestellt?« sagte die Großmutter, und ihre Stimme drückte Mißbilligung und Bedauern aus. Und wenn schon! dachte ich, warum nimmst du dir das so zu Herzen? »Nein, ich werde nachgemustert« – »Und was bedeutet das: ›nachgemustert‹?« Man mußte es ihr erklären. »Des Papstes Soldat, ha ha, des Papstes Soldat«, amüsierte sich mein Vater. »Na, hoffen wir, daß du nicht krank bist!« sagte meine Großmutter. »Ja, krank am Tage der Musterung!« bemerkte der Hirt, und zum Glück hörte das meine Großmutter nicht.

Mein Bruder schaute vom Teller auf und sandte einen Blick durch seine Brillengläser, der offenbar dem Gast zugedacht war, einen verständnisvollen Blick, und zugleich spannte sich ihm das Bärtchen an den Lippenrändern; vielleicht deutete sich damit ein Lächeln an, als wollte er sagen: »Kümmere dich doch nicht um die andern, ich verstehe dich und kenne diese Dinge zur Genüge.« Mit solchen plötzlichen Signalen, die anzeigten, daß er mit den anderen unter einer Decke steckte, pflegte sich Marco Sympathien zu erwerben; von nun würde sich der Hirt jedesmal, wenn er auf eine Frage geantwortet hatte, mit einem »Nicht wahr?« an ihn wenden. Ich entdeckte freilich, daß dieser verschämten menschlichen Komplizenschaft meines Bruders Marco das Bedürfnis zugrunde lag, die Bejahung des Nächsten durch unseren Vater zugleich mit der aristokratischen Überlegenheit unserer Mutter von sich abzuschütteln. Und so kam ich zu dem Schluß, daß der Hirt, auch wenn er sich mit ihm einließ, genau so allein sein würde wie bisher.

Ich glaubte jetzt, etwas sagen zu können, was ihn vielleicht interessierte, und so erklärte ich ihm, ich sei bis zum Ende meiner Studien vom Militärdienst zurückgestellt. Doch damit hatte ich den bestürzenden Unterschied zwischen uns beiden wieder aufs Tapet gebracht: die Unmöglichkeit, sogar in solchen Dingen, die offensichtlich für alle so unvermeidlich waren wie etwa der Militärdienst, etwas Gemeinsames zu finden.

Meine Schwester machte einen ihrer überraschenden Vorstöße: »Mit Verlaub: Werden Sie zur Kavallerie gehen?« Ihre Frage wäre vielleicht unbeachtet geblieben, hätte meine Großmutter nicht das Thema aufgenommen. »Nun, die Kavallerie in unseren Tagen ...« Der Hirt murmelte etwas, was wie »Die Alpini ...« klang. Wir stellten fest, mein Bruder und ich, daß wir in diesem Augenblick auch unsere Mutter als Verbündete hatten, die offenbar dieses Gesprächsthema als töricht empfand. Aber weshalb griff sie nicht ein, um die Rede auf etwas anderes zu bringen? Zum Glück hatte mein Vater aufgehört, ständig: »Aha, des Papstes Soldat!« zu wiederholen, und erkundigte sich, ob in den Wäldern Pilze wuchsen.

So nahm während des ganzen Mittagessens dieser Krieg seinen Fortgang, den wir drei jungen Männer gegen eine grausame und liebenswürdige Welt führten, ohne daß wir uns als Verbündete hätten erkennen können; waren wir doch auch untereinander von Mißtrauen erfüllt. Nach dem Obst vollführte mein Bruder eine große abschließende Geste: Er zog ein Päckchen aus der Tasche und bot dem Gast eine Zigarette an. Ohne irgend jemanden um Erlaubnis zu fragen, gaben sie sich Feuer, und in diesem Augenblick erreichte die Solidarität ihren Höhepunkt, die sich während der Mahlzeit gebildet hatte. Ich war von ihr ausgeschlossen, da mir meine Eltern das Rauchen nicht erlaubten, solange ich noch das Gymnasium besuchte. Mein Bruder war nunmehr befriedigt. Er erhob sich, machte zwei Züge, während er uns von oben herab betrachtete; dann drehte er sich um, geräuschlos, wie er gekommen war, und entfernte sich.

Mein Vater begann, seine Pfeife zu rauchen, und drehte das Radio an, um die Nachrichten zu hören. Die ausgebreiteten Hände auf beide Knie gestützt, stand der Hirt da und betrachtete den Apparat; seine weitaufgerissenen Augen füllten sich mit Tränen. Sicherlich sahen diese Augen noch das Dorf hoch über den Feldern, das Rund der Berge und die dichten Kastanienwälder. Mein Vater hörte weiter dem Radio zu und schimpfte über den Völkerbund, was ich ausnutzte, um das Eßzimmer zu verlassen.

Der Gedanke an den jungen Hirten ging uns noch während des ganzen Abends nach. Unter den gedämpften Lichtern des Kronleuchters nahmen wir schweigend unser Abendessen ein und mußten immer wieder an ihn denken, der sich jetzt allein in dem Häuschen unseres Landbesitzes befand. Sicherlich hatte er schon die im Napf aufgewärmte Suppe ausgelöffelt und lag jetzt fast im Dunkeln auf dem Stroh, während drunten die Ziegen zu hören waren, wie sie sich bewegten und aneinander stießen und Gras zwischen den Zähnen malmten. Der Hirt trat aus dem Haus; zum Meer hin kam etwas Nebel auf, die Luft war feucht. Ein kleiner Brunnen plätscherte leise in der Stille. Auf den mit wildem Efeu bewachsenen Wegen näherte sich ihm der Hirt und trank ohne Durst. Man sah Feuerfliegen aufleuchten und wieder verschwinden; es schien ein ganzer Schwarm zu sein. Der Hirt aber bewegte den Arm in der Luft, ohne sie zu berühren.

Die nichtsnutzigen Brüder

Bei Tagesanbruch schlafen wir beide, ich und mein Bruder, die Gesichter in die Kissen vergraben, und schon hört man unseren Vater mit schweren Nagelschuhen durch die Stuben gehen. Unser Vater macht beim Aufstehen viel Lärm, vielleicht mit Absicht, und er macht es so, daß er wohl zwanzigmal und ganz und gar zwecklos die Treppen mit seinen Nagelschuhen hinauf- und hinuntersteigt. Vielleicht ist sein ganzes Leben so, eine Vergeudung von Kräften, eine große, zwecklose Arbeit, und vielleicht protestiert er damit gegen uns beide, weil wir ihn so zornig machen.

Meine Mutter macht keinen Lärm, doch auch sie ist schon auf den Beinen in der großen Küche, um das Feuer anzufachen, um Gemüse zu schälen mit Händen, die immer rissiger und schwärzer werden, um Fenster zu putzen und Möbel zu reinigen, um die Zeit mit unseren Kleidern zu verpusseln. Auch das ist ein Protest gegen uns, immer schweigsam der Arbeit nachzugehen und das Haus ohne Mädchen in Ordnung zu halten.

»Verkauft doch das Haus und verfressen wir das Geld«, sage ich achselzuckend, wenn sie mich damit quälen, daß es so nicht weitergehen kann, aber meine Mutter schuftet sich weiter wortlos ab, morgens und abends, man weiß nicht, wann sie schläft, und inzwischen werden die Risse in der Decke länger, und Heere von Ameisen ziehen an den Mauern entlang, und Gras und Brombeeren wuchern im unbestellten Garten. Vielleicht wird bald von unserem Haus nichts mehr übrig bleiben als eine von Schlingpflanzen bedeckte Ruine. Aber meine Mutter kommt morgens nicht, sie sagt uns nicht, wir sollten aufstehen, weil sie weiß, daß es doch zwecklos ist, und jenes stumme Hantieren in dem Haus, das über ihr zusammenfällt, ist ihre Art, uns ins Gewissen zu reden.

Mein Vater dagegen reißt in Jagdrock und Stiefelschäften schon um sechs Uhr unsere Tür weit auf und schreit: »Ich verprügele euch! Faulpelze! In diesem Haus arbeiten alle außer euch! Pietro, steh auf, wenn du nicht willst, daß ich dich aufhänge! Mach, daß dieser Galgenstrick von deinem Bruder hochkommt!«

Im Schlaf schon haben wir ihn kommen gehört, aber wir bleiben mit den Gesichtern in den Kissen und drehen uns noch nicht einmal um. Wenn er kein Ende finden kann, protestieren wir ab und zu mit Knurren. Aber bald geht er fort; er weiß, daß alles zwecklos ist, daß er nur Komödie spielt, eine rituelle Zeremonie, um sich nicht geschlagen zu geben.

Wir ringen weiter um Schlaf; mein Bruder ist meist noch nicht einmal aufgewacht, so sehr hat er sich daran gewöhnt, er pfeift darauf. Egoistisch und unempfindlich, so ist mein Bruder: manchmal ärgere ich mich über ihn. Ich mache es wie er, aber wenigstens sehe ich ein, daß man sich so nicht benehmen kann, und der erste, der damit unzufrieden ist, bin ich. Und doch mache ich so weiter, wenn auch wütend.

»Hund«, sage ich zu meinem Bruder Andrea, »Hund, du bringst deinen Vater und deine Mutter ins Grab.« Er antwortet nicht: er weiß, daß ich ein Heuchler und ein Spaßvogel bin, daß es einen größeren Nichtsnutz als mich nicht gibt.

Zehn, zwanzig Minuten danach ist mein Vater wieder in der Tür und regt sich auf. Jetzt versucht er es mit einer anderen Methode: fast gleichgültig vorgebrachte, gutmütige Vorschläge, eine Komödie, die Mitleid erregt. Er sagt: »Also, wer kommt mit mir nach San Cosimo? Die Reben müssen gebunden werden.«

San Cosimo ist unser Stück Land. Alles verdorrt, und

es fehlen Hände und Geld, um es nicht verkommen zu lassen.

»Die Kartoffeln müssen ausgemacht werden. Kommst du, Andrea? He, kommst du? Ich spreche mit dir, Andrea. Die Bohnen müssen Wasser haben. Kommst du also?«

Andrea hebt den Mund vom Kissen, sagt: »Nein«, und schläft.

»Warum«, mein Vater spielt noch immer Komödie, »wir hatten's doch ausgemacht, Pietro? Kommst du, Pietro?«

Dann braust er noch einmal auf, und noch einmal beruhigt er sich und redet von den Dingen, die in San Cosimo zu tun sind, als ob es schon klar wäre, daß wir kommen. Hund, denke ich von meinem Bruder, Hund, er könnte aufstehen und ihn einmal zufriedenstellen, den armen Alten. Doch ich selbst habe keine Lust aufzustehen und versuche, mich wieder von der Schläfrigkeit überkommen zu lassen, die schon gewichen ist.

»Gut also, macht schnell. Ich warte auf euch«, sagt unser Vater und geht fort, als seien wir schon einverstanden. Wir hören ihn unten laut schimpfend hin- und hergehen, und dabei bereitet er den Dünger vor, den Schwefel und die Saat, die nach San Cosimo hinaufgetragen werden müssen; jeden Tag geht und kommt er beladen wie ein Maulesel.

Schon denken wir, er sei fort, als er noch einmal die Treppe hinaufschreit: »Pietro! Andrea! Herrgott, seid ihr noch nicht fertig?«

Das sind seine letzten Rufe, dann hören wir seine genagelten Stiefel hinter dem Haus, das kleine Gittertor schlägt zu und ausspuckend und stöhnend entfernt er sich auf der schmalen Straße.

Jetzt könnte ich wieder ungestört in Schlaf versinken, aber es gelingt mir nicht, nochmals einzuschlafen, und ich denke an meinen Vater, wie er spuckend mit seiner Last den Saumpfad hinaufsteigt, wie er dann bei der Arbeit über die Tagelöhner schimpft, die ihn bestehlen und alles verkommen lassen. Und er betrachtet Pflanzen und Felder und Insekten, die alles annagen und aushöhlen, und das Gelb der Blätter und die Dichte des Unkrauts, all die Arbeit seines Lebens, die zerbröckelt wie die Stützmauer der Weinberge bei Regen, und er flucht auf seine Söhne.

Hund, sage ich, an meinen Bruder denkend, Hund! Wenn ich hinhorche, höre ich von unten Tellerklappern, das Hinschlagen eines Besenstiels. Meine Mutter ist allein in der riesigen Küche, der Tag dringt kaum durch die Scheiben, und sie schuftet sich ab für Leute, die nichts von ihr wissen wollen. Daran denke ich und schlafe.

Es ist noch nicht zehn Uhr, da ruft unsere Mutter von der Treppe aus: »Pietro! Andrea! Es ist schon zehn Uhr!« Sie hat eine sehr zornige Stimme, als habe sie sich über etwas Unglaubliches geärgert, aber so geht es jeden Morgen. »Jaaa«, brüllen wir. Und wir bleiben, jetzt ganz wach, noch eine halbe Stunde im Bett, um uns an den Gedanken des Aufstehens zu gewöhnen.

Dann sage ich: »Komm, wach auf, Andrea, los, stehen wir auf. Komm hoch, Andrea!« Andrea knurrt.

Schließlich sind wir mit viel Schnauben und Strecken auf den Beinen. Andrea läuft mit den Bewegungen eines alten Mannes im Schlafanzug herum, den Kopf zerzaust, die Augen halbblind, und schon leckt er das Zigarettenpapier und fängt an zu rauchen. Er raucht am Fenster, dann macht er sich ans Waschen und Rasieren.

Er murmelt vor sich hin, und allmählich wird aus dem Murmeln ein Lied. Mein Bruder hat einen Bariton, doch in Gesellschaft ist er immer der Lahmste, und es kommt nie vor, daß er singt. Wenn er aber allein ist, stimmt er beim Rasieren und Baden mit dumpfer Stimme eine seiner rhythmischen Melodien an. Lieder kennt er nicht, und er mischt in seine Melodie immer die Worte eines Gedichtes von Carducci, das er als Kind gelernt hat: »Auf die Festung von Verona – brennt die mittägliche Sonne ...«

Ich bin nebenan beim Anziehen und singe mit ihm, lustlos, mit einer gewissen Heftigkeit: »Durch das sonnbeglänzte Grün – murmelnd zieht die große Etsch ...«

Mein Bruder fährt fort mit seinem Singsang, ohne eine Strophe auszulassen, bis zum Schluß, und dabei wäscht er sich den Kopf und putzt seine Schuhe. »Schwarz war er, ein alter Rabe – Kohlen hatt' er in den Augen ...«

Je länger er singt, desto wütender werde ich und um so wilder singe auch ich: »Böse ist es, dies mein Schicksal – mich berührt ein böses Tier ...«

Das ist der einzige Augenblick, in dem wir Lärm machen. Danach sind wir fast den ganzen Tag lang still.

Wir gehen hinunter und wärmen die Milch auf, dann brocken wir Brot hinein und essen sehr geräuschvoll. Meine Mutter ist auch da und spricht ohne Nachdruck mit klagender Stimme von all den Dingen, die getan werden müssen, von den Besorgungen, die nötig seien.

»Ja, ja«, sagen wir und vergessen es sofort.

Morgens gehe ich gewöhnlich nicht aus dem Haus, ich bleibe daheim und laufe durch die Flure, die Hände in den Taschen, oder ich ordne die Bibliothek neu. Seit langer Zeit kaufe ich keine Bücher mehr: dazu brauchte man zuviel Geld, und dann habe ich zuviele Dinge vernachlässigt, die mich interessierten, und wenn ich mich wieder dranmachte, würde ich alles lesen wollen, und dazu habe ich keine Lust. Aber die wenigen Bücher, die auf dem Regal stehen, stelle ich weiter um: italienische, französische, englische, oder nach Sachgebieten: Geschichte, Philosophie, Romane, oder alle gebundenen zusammen und die schönen Ausgaben und die abgegriffenen je auf eine Seite.

Mein Bruder aber geht ins Café Imperia, um beim Billard zuzusehen. Er spielt nicht, weil er es nicht kann. Stunde um Stunde schaut er den Spielern zu, verfolgt die

Figuren und das Triplé der Kugel, rauchend, teilnahmslos, ohne zu wetten, weil er kein Geld hat. Manchmal lassen sie ihn die Punkte aufschreiben, aber er ist oft zerstreut und irrt sich. Er schließt ein paar kleine Geschäfte ab, damit er genug hat, um Tabak zu kaufen; seit sechs Monaten hat er sich beim Wasserversorgungsamt um eine Stelle beworben, die ihn ernähren könnte, aber er bemüht sich nicht darum, da er für den Augenblick ja noch zu essen hat.

Zur Mittagsmahlzeit kommt mein Bruder spät, und wir essen beide schweigend. Unsere Eltern verhandeln immer über Ausgaben, Einnahmen und Schulden, und wie man es machen solle, um mit zwei Söhnen, die nichts verdienen, durchzukommen, und unser Vater sagt: »Seht euren Freund Costanzo, seht euren Freund Augusto an.« Denn unsere Freunde sind nicht wie wir: die haben eine Gesellschaft zum An- und Verkauf von Nutzholz gegründet und sind immer unterwegs und sie verdienen haufenweise Geld und werden bald ihr Lastauto haben. Sie sind Betrüger, und unser Vater weiß das; trotzdem wünscht er, wir wären so wie sie und nicht so, wie wir sind. »Euer Freund Costanzo hat so viel bei diesem Geschäft verdient«, sagt er. »Seht zu, ob ihr da nicht auch mitmachen könnt.« Aber mit uns gehen unsere Freunde nur spazieren, Geschäfte schlagen sie uns nicht vor: sie wissen, daß wir Faulenzer sind und zu nichts gut.

Nachmittags legt mein Bruder sich wieder schlafen. Man weiß nicht, wie er es fertigbringt, so viel zu schlafen, und doch schläft er. Ich gehe ins Kino; ich gehe jeden Tag dorthin, auch wenn Filme laufen, die ich schon einmal gesehen habe, dann brauche ich mich nicht anzustrengen, um die Geschichte mitzubekommen.

Nach dem Abendessen haue ich mich aufs Sofa und lese lange, ausländische Romane, die ich geliehen bekomme. Oft verliere ich beim Lesen den Faden, und es gelingt mir nie, ihn wiederzufinden. Mein Bruder steht auf, sobald er gegessen hat: er geht fort, um beim Billard zuzusehen.

Meine Eltern legen sich gleich schlafen, weil sie morgens immer früh aufstehen. »Geh in dein Zimmer, hier verschwendest du Licht«, sagen sie beim Hinaufsteigen. »Ich gehe gleich«, sage ich und bleibe.

Ich bin schon im Bett und habe bereits eine Weile geschlafen, wenn mein Bruder gegen zwei Uhr zurückkommt. Er macht das Licht an, geht im Zimmer umher und raucht die letzte Zigarette. Er erzählt Ereignisse aus der Stadt, fällt wohlwollende Urteile über die Leute. Das ist die Stunde, in der er wirklich wach ist und gerne spricht. Er macht das Fenster auf, um den Rauch hinauszulassen, wir schauen auf den Hügel mit der beleuchteten Straße und den dunklen, wolkenlosen Himmel. Ich setze mich in meinem Bett auf, und wir schwatzen lange über gleichgültige Dinge, leichten Herzens, bis wir wieder schläfrig werden.

Italo Calvino im dtv

Foto: Isolde Ohlbaum

Das Schloß, darin sich Schicksale kreuzen

Der Schloßherr zieht ein Kartenspiel hervor, Tarockkarten. Und plötzlich scheinen die Figuren den Anwesenden zu gleichen. Calvino konstruiert aus den Karten einen magischen Reigen von Schicksalen.
dtv 10284

Die unsichtbaren Städte

»Calvino entwirft im stilistisch knappen und eleganten Filigran seiner 55 Städteportraits eine Vision unserer Welt, in der Geschichte und Philosophie, Biologie und Ökologie, Linguistik und Semantik mit subtiler Genauigkeit integriert sind.« (Basler Zeitung)
dtv 10413

Wenn ein Reisender in einer Winternacht

Ein brillantes Verwirrspiel um einen Lesenden und eine (Mit-)Leserin, die von einer Geschichte in neun andere geraten. Kunst oder Leben, das ist keine Frage.
dtv 10516

Der Baron auf den Bäumen

Als Zwölfjähriger steigt der Baron auf eine Steineiche und wird bis zu seinem Tode nie mehr einen Fuß auf die Erde setzen. Ein mit immer neuen Einfällen und Phantasien angefüllter poetischer Roman, charmant, heiter, übermütig und klug.
dtv 10578

Der geteilte Visconte

Medardo di Terralba kehrt aus den Türkenkriegen im wahrsten Sinne in zwei Teile gespalten zurück. Zu allem Überfluß verlieben sich auch beide Hälften des Visconte, die gute wie die schlechte, in dieselbe Frau.
dtv 10664

Der Ritter, den es nicht gab

Innen hohl, besteht Ritter Agilulf nur aus Rüstung, Kampfgeist und Pflichtgefühl: das Musterbild eines ordentlichen Soldaten. »Ein Ritterroman, der mit allen Wassern des Unernstes gewaschen ist.« (Münchner Merkur)
dtv 10742

Herr Palomar

Herrn Palomars Leidenschaft ist das Betrachten; immer treiben ihn seine Phantasie und diskrete Neugier in wahrhaft abenteuerliche Denkspiralen und Selbstgespräche.
dtv 10877

Joyce Carol Oates im dtv

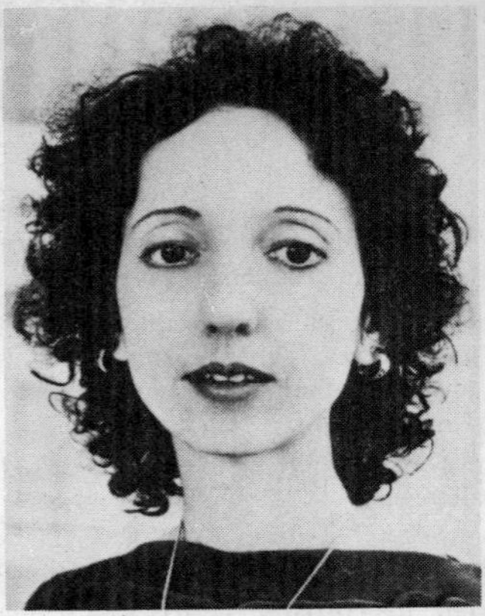

Foto: Isolde Ohlbaum

Grenzüberschreitungen
Zart und kühl, bitter und scharf analysierend, erzählt die Autorin in fünfzehn Kurzgeschichten von der alltäglichen Liebe, dem alltäglichen Haß und ihren lautlosen Katastrophen.
dtv 1643

Jene
Die weißen Slumbewohner in den Armenvierteln des reichen Amerika, die sich nicht artikulieren können, sind die Helden dieses Romans. Die Geschichte einer Familie, aber auch die Geschichte Amerikas.
dtv 1747

Lieben, verlieren, lieben
Von ganz »normalen« Menschen erzählt die Autorin, vor allem von Frauen, von Hausfrauen, Ehefrauen, Müttern und Geliebten. »Alle Erzählungen variieren die paar Grunderfahrungen vom zwar sehnsüchtig erwarteten, aber nie erreichten Glück auf der Erde ...« (Gabriele Wohmann)
dtv 10032

Ein Garten irdischer Freuden
Ein Mädchen will ihren ärmlichen Verhältnissen entfliehen. Sie tut es – nichts anderes bleibt ihr übrig – mit Hilfe von Männern.
dtv 10394

Bellefleur
Der Osten der USA ist der Schauplatz dieser phantastischen Familiensaga. Aus dem Leben der Menschen des Hauses Bellefleur wird ein amerikansicher Mythos.
dtv 10473

Im Dickicht der Kindheit
In einem Provinznest lebt die starke, in ihrer Sinnlichkeit autonome Arlene mit ihrer jungen Tochter Laney, deren Schönheit und Wildheit der vierzigjährige Aussteiger Kasch verfällt.
dtv 10626

Engel des Lichts
Die Geschichte einer alten Familie in Washington, die zwischen Politik und Verbrechen aufgerieben wird. Ein mit meisterhafter psychologischer Genauigkeit entworfenes Szenarium des emotionalen und sexuellen Verrats.
dtv 10741

Unheilige Liebe
Auf dem Campus einer exklusiven Privatuniversität spielen die Mitglieder des Lehrkörpers eine »Akademische Komödie des Schreckens«. Sie lieben sich, sie hassen sich, aber keines dieser Gefühle hält vor.
dtv 10840

Herbert Rosendorfer im dtv

Foto: Isolde Ohlbaum

Das Zwergenschloß
und sieben andere Erzählungen

»Rosendorfers Geschichten«, schreibt die ›Neue Zürcher Zeitung‹, »leben aus dem Einfall und einem spritzigen, geist- und oft bezugsreichen Dialog.« Das scheinbar Normale, das scheinbar Reale stößt in diesen acht Erzählungen in Bereiche des Phantastischen vor.
dtv 10310

Vorstadt-Miniaturen

Geschäfte, Cafés, Amtsstuben und kleinbürgerliche Wohnzimmer bilden die Kulissen für die hintergründig-grotesken Alltagsszenen, in denen Rosendorfers besonderer Humor in der Tradition Karl Valentins ganz unverblümt zum Ausdruck kommt.
dtv 10354

Briefe in die chinesische
Vergangenheit

Ein chinesischer Mandarin aus dem 10. Jahrhundert gelangt mittels einer Zeitmaschine in das heutige München und sieht sich dem völlig anderen Leben der »Ba Yan« und ihren kulturellen und technischen Errungenschaften gegenüber. Die grotesken Erlebnisse und witzigen Kommentare des der deutschen Sprache und modernen Lebensweise zunächst unkundigen Chinesen ergeben »das komischste Min-chen-Buch des Jahres«
(Rolf Seeliger in der ›tz‹)
dtv 10541

Stephanie
und das vorige Leben

Eine fesselnde Geschichte auf dem schmalen Grat zwischen Traum und Wirklichkeit: Wanderer zwischen den Welten ist Stephanie, eine ganz »normale« junge Frau, die sich eines Tages mit einem »vorigen« Leben konfrontiert sieht.
dtv 10895

Königlich bayerisches
Sportbrevier

Mit einer ›Kleinen bairischen Wortkunde‹ von Ludwig Merkle und Zeichnungen von Johannes Behler. Rosendorfer beschreibt alle bayerischen Sportarten wie Fensterln, Maibaumkraxeln, Fingerhakeln und Maßkrugstemmen, die bei den Olympischen Spielen (noch) fehlen. Ein vergnügliches Buch, das vertrackten Situationen mit vertracktem Humor begegnet.
dtv 10954

Horst Krüger im dtv

Foto: Isolde Ohlbaum

Ostwest-Passagen

Horst Krügers literarisch-politische Reise-Essays sind nicht deshalb so brillant und außergewöhnlich, weil er so außergewöhnliche Orte besucht, sondern weil er sie anders sieht. Das Ergebnis sind gelungene Porträts von Menschen und Städten, faszinierende Impressionen und bissige kleine Satiren.
dtv 1562

Poetische Erdkunde
Reise-Erzählungen

Zehn scharfzüngig-anmutige und engagierte Reisebeschreibungen über Frankfurt am Main, die Provinz der DDR, Wien, Mainfranken, Baden, den El Escorial in Spanien, Ägypten, Washington D.C., Peking und Honkong sowie ›Die Frühlingsreise – Sieben Wetterbriefe aus Europa‹.
dtv 1675

Spötterdämmerung
Lob- und Klagelieder zur Zeit

Eine Sammlung heiterer, provokanter, aber auch melancholischer Feuilletons und witziger Satiren, in denen Horst Krüger von sich und seinen Reiseerlebnissen berichtet, Zeiterscheinungen aufs Korn nimmt, über den Kulturbetrieb spottet und Schriftstellerkollegen porträtiert. »Krügers Prosastücke sind geistvolle Manifeste des gesunden Menschenverstands.«
(Walter Hinck in der ›FAZ‹)
dtv 10355

Tiefer deutscher Traum
Reisen in die Vergangenheit

Horst Krüger auf der Suche nach der deutschen Identität. Ein sinnliches, melancholisches und ehrliches Buch. »Ich habe es in einem Zug gelesen, Orte und Menschen neu entdeckt, den Osten, die Deutschen, auch unsere Geschichte neu sehen gelernt.«
(Arnulf Baring in ›Die Zeit‹)
dtv 10558

Das zerbrochene Haus
Eine Jugend in Deutschland

Horst Krügers Bilanz seiner Jugend im nationalsozialistischen Deutschland. Das persönliche Leben im Alltag und die Politik jener Jahre sind in diesem Bericht auf ungewöhnliche Weise miteinander verknüpft. Ein Bekenntnis und eine scharfsinnige Analyse des verführten Kleinbürgertums. Ein »offenes und aufrichtiges Buch«.
(Marcel Reich-Ranicki)
dtv 10665